说出
我世界

王安祥 著

人民日报出版社

图书在版编目（CIP）数据

说出我世界 / 王安祥著. -- 北京：人民日报出版社，2016.5
ISBN 978-7-5115-3806-2

Ⅰ．①说… Ⅱ．①王… Ⅲ．①王安祥－回忆录
Ⅳ．① K825.38

中国版本图书馆 CIP 数据核字（2016）第 090772 号

书　　　名：说出我世界
作　　　者：王安祥

出 版 人：董　伟
责任编辑：刘晴晴
装帧设计：三林成木工作室

出版发行：人民日报出版社
社　　　址：北京金台西路 2 号
邮政编码：100733
发行热线：（010）65369527　65369846　65369509　65369510
邮购热线：（010）65369530　65363527
编辑热线：（010）65363105
网　　　址：www.peopledailypress.com
经　　　销：新华书店
印　　　刷：河北省三河市宏顺兴印刷有限公司

开　　　本：880╳1230　　1/32
字　　　数：160 千字
印　　　张：8
印　　　次：2016 年 8 月第 1 版　　2016 年 8 月第 1 次印刷

书　　　号：ISBN 978-7-5115-3806-2
定　　　价：38.80 元

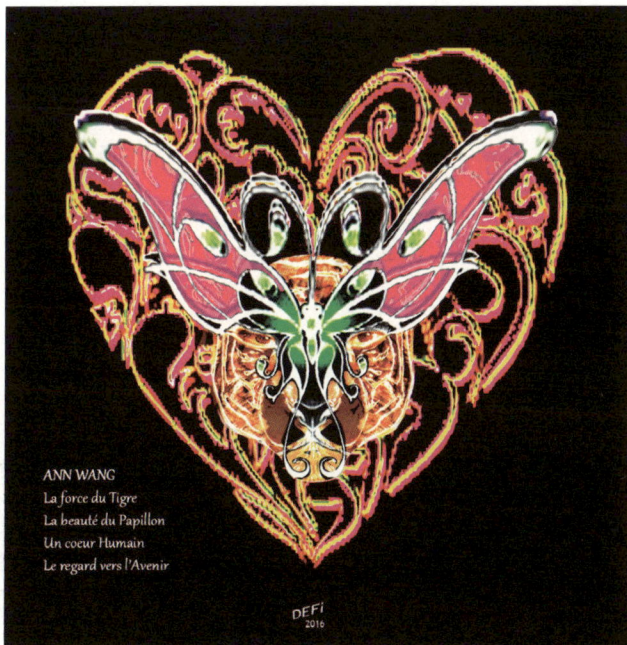

ANN WANG
La force du Tigre
La beauté du Papillon
Un cœur Humain
Le regard vers l'Avenir

DEFi
2016

△ 图为法国艺术家 Marie Claire Defi
为《说出我世界》创造的插画。

图中法文意为：
　　　　王安祥，
　　　　老虎的威力，
　　　　蝴蝶的美丽，
　　　　仁慈的心灵，
　　　　面向未来的视野。

△ 我的小时候

图 1 / 自学日语。

图 2 / 自然美为湖北洪水捐助的 10 车抗洪救灾物资。

图 1 / 我与安杰玛创始人萨甘先生、安杰玛 CEO 汪向晖女士。

图 2 / 我和我的家人。

△ 2000 年，世纪婚礼。

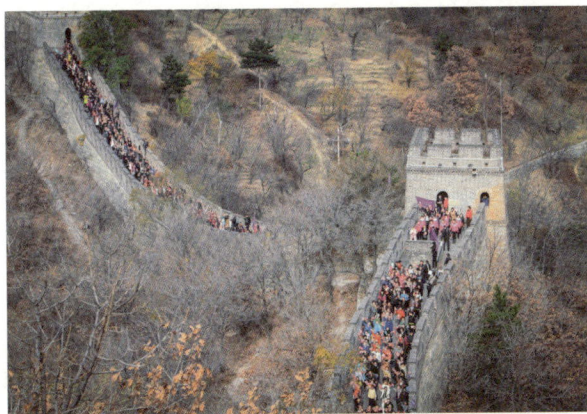

△ 2011 年，长城祈福。

1	2
3	

图 1 / 2012 年，游轮祈福。

图 2 / 2012 年，游轮祈福。

图 3 / 2013 年，广西巴马祈福。

△ 2014 年，天坛祈福。

1
—
2

图 1 / 2015 年，安杰玛旗生物
科技公司弘天生物挂牌上市。

图 2 / 2015 年，安杰玛旗下弘
天生物科学顾问委员会（SAB）
正式成立，在斯特拉斯堡大学
举行签约仪式。

```
        1
  ┌─────┴─────┐
  2     |     3
```

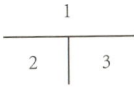

图 1 / 2016 年，澳大利亚悉尼祈福。

图 2 / 2016 年，安杰玛全球慈善行动在悉尼盛大开启。

图 3 / 安杰玛家人。

目 录

C O N T E N T S

序 01

第一章　　飘摇的童年

一 /　寄居西安 04

二 /　差生的抗争 25

三 /　瑕不掩瑜 34

第二章　　激荡的青春

一 /　参加工作 . . . 48

二 /　情窦初开 55

三 /　从工人到翻译 62

四 /　巧斗日本人 73

第三章　　美丽的约定

一 /　奈何情深......91
二 /　梦开始的地方......100
三 /　借力宣传......113

第四章　　生命的春天

一 /　邂逅安杰玛......130
二 /　用生命前行......146
三 /　因病得福......160
四 /　殿堂级生命能量的领航者......174

第五章　　玫瑰人生

一 /　我和我的安家将......180
二 /　感恩的心......192
三 /　圆梦巨作......202

序   *by* 顾山

我曾有幸与王安祥女士会面。对这位商界女精英的平实作风、坚定信念以及她对未来清晰的洞察力深感钦佩。

她热爱法国，且不吝于表达。

她的企业在中国具有重要地位，投资规模也极其庞大。日复一日将高品质的法国产品引入中国，法国精油即为其中的代表。

我深知，她同样欣赏法国的文化遗产和生活方式，并积极将这一爱好与他人分享。

王安祥女士在法兰西的土地上规划了极好的项目，法国在此对她的信任和努力表示衷心感谢。

顾山
法国驻华大使

法文原文：

J' ai eu l' occasion de rencontrer Madame Ann WANG et ai appr é ci é la simplicit é et la d é termination de cette femme d' affaires, à la claire vision d' avenir.

Elle aime la France et l' exprime.

Ses investissements - au regard de l' importance de ses entreprises en Chine - sont tr è s importants etelle continue au quotidien à importer des produits franÇais de grande qualit é comme les huiles essentielles.

Je sais qu' elle appr é cie é galement notre patrimoine ainsi que l' art de vivre à la FranÇaise et partage sa passion autour d' elle.

Mme Ann WANG a de forts beaux projets sur notre territoire et la France tient à lui exprimer sa gratitude pour sa confiance et son engagement.

Maurice Gourdault-Montagne

AMBASSADEUR DE FRANCE

第一章　飘摇的童年

一 / 寄居西安

人生就像是一场赛跑，从呱呱坠地的那一刻起，每一个人就像是站上了起跑线的选手，从咿呀学语到蹒跚学步，从 123 到 ABC，从象牙塔到滚滚红尘，仿佛从小到老，我们总有学不完的知识，数不清的目标，打不完的敌人，圆不尽的梦想，我们没有时间休息，也不敢停下脚步，甚至也来不及回头。

就在这样马不停蹄的奔跑中，大半生的光阴如同白驹过隙般过去了，当我们垂垂老矣，相伴着爱人或儿女坐在夕阳下，回味着自己的一生的时候，也许有人会缅怀青春，也许有人会追悼爱情，也许有人遗憾着自己在年轻的时候不够勇敢，但绝不会有人后悔自己那些为了追逐理想而不顾一切的奋斗时光。

身为一个女人，你可以天资不够聪颖，外表不够出色，家境不够优渥，但这些都不是放弃努力和拼搏的理由，只要心中有梦想，人生路上的崎岖和坎坷早晚会变成美丽的风景。这是我在过去的五十多年人生中，得到的一点点切身感悟。

此时此刻，正在翻阅这本书的你，也许曾经在媒体和新闻中听说过各种各样关于我的报道，也许对我和我的事业一无所知，不论你是出于怎样的原因打开了这本书，我都感谢你能抽出时间来"聆听"我的故事，我会用这本饱含诚意的书，让你认识到一个比新闻媒体中更为真实的我。

如果你能在读完我的故事后，得到了哪怕一丁点的温暖和力量，我都会感觉非常的欣慰和荣幸。

我的本名叫王安祥，出生于 1962 年的北京。

从小我就比同龄的其他孩子更为敏感，记事也特别早，每当我静下心来去回想幼年时代的往事时，经常会想起一些令人感觉不可思议的片段，最早的一段记忆，发生在我一岁之前、还没断奶的时候。

当时，我们家住在老北京名康胡同的一座四合院里，有一天夜里，我从睡梦中饿醒了，妈妈用一条提花的毛巾被裹住我，喂我吃奶，一不小心把睡在同一张床上的姐姐吵醒了，姐姐气得抱怨地说："天天夜里吵，吵得别人睡不着，真烦人！"

我妈妈一边轻轻摇着手臂哄我睡觉，一边温和地对姐姐说："妹妹还小，你要多体谅她，你转向里面不就不吵了吗？"

姐姐这才不情愿地翻了个身，把脸面向床里边，很快，她就呼吸均匀地睡着了……

我曾跟我妈妈提起过这件事，妈妈非常惊讶，因为连她自己都快忘了那样一个寻常无奇的夜晚了，尚在襁褓中的我却记得那么清楚。

我还记得，小时候我常常觉得我的家特别神奇，因为我的爸爸妈妈，和其他小朋友的爸爸妈妈有点不一样。

我父亲是傅作义手下的一名高级将领，比我母亲大近三十岁，他们俩相识的时候，我母亲才二十岁出头，我父亲已经近五十岁了，他们两个人在一起，不像是一对夫妻，倒更像是一对父女。

不过我父亲长得一表人才，有知识，有文化，还有一份相当体面的工作，再加上我姥姥觉得，年纪大的男人更懂得心疼妻子，就这样，在姥姥的极力促成下，年龄相差悬殊的父亲和母亲结为了连理。

父亲和母亲刚结婚的那些年，日子过得很和美，夫妻俩相敬如宾，父亲的工作很忙，母亲也在一家国营工厂上班，家里衣食无忧，我母亲接连生下了一儿两女，家里共有五口人，非常热闹。

我在家里排行老三，是最小的孩子。我从小就白白胖胖的，长得很像《城南旧事》里的小女孩儿，个性也很开朗活泼，爱唱爱跳，走到哪儿都是个小开心果，住在小院儿里的大人和小孩儿都很喜欢我。

春天院墙角的小花，夏天午后的蝉鸣，秋日的金色落叶，冬天的漫天白雪……小小的院子承载了我童年时代所有的快乐时光。

然而，无忧无虑的美好日子就像镜子一样脆弱，在我四岁那年，改变整个中国和几代人命运的"无产阶级文化大革命"爆发了，我的家被彻底击碎了。

著名作家秦牧老先生曾经用这样的文字来回忆"文革"—那真是一场空前的浩劫，几百万人含恨而终，多少家庭分崩离析，多少少年成了流氓恶棍，多少书籍被付之一炬，多少名胜古迹横遭破坏，多少先贤的坟墓被挖掉，多少罪恶借革命之名公开进行……

对于所有经历过"文革"人来说，那无疑是他们人生中的噩梦，而对于年幼的我来说，记忆中更多的却不是恐惧，而是困惑和不安。那时候我只有四岁，小小的院子几乎就是我的整个世界，我不知道小院子外面还有一个更大的世界，更不知道那个世界在发生着怎样风起云涌的变革。

我只知道，有一天早晨，爸爸像平常一样出门上班，然而那天晚上，他却没有像平时一样下班回来，一天，两天……爸爸再也没有回家，我的爸爸消失不见了，我不知道他去了哪儿，也没有人告诉我，因为所有大人的脸上也都写满了慌张和恐惧，甚至还有人严厉地警告我，不许再提起"爸爸"这两个字。

一夜间，我成了没有爸爸的孩子。

父亲是在1966年初被带走的，那时候，"文化大革命"还没有大规模开始，他是属于较早被波及的那一批人。

如果说爸爸的"消失"是悄无声息的，那么接下来发生在小院儿里的事，则可以用惊天动地来形容。

小院儿的另一头，住着一位头发花白的老奶奶，老奶奶特别和善，很喜欢看我唱歌跳舞，经常会笑眯眯地拿小点心给我吃。然而就在我爸爸"消失"后不久的一天早晨，不知道为什么，一大群穿着绿军装、胳膊上戴着红袖标的人冲进了老奶奶家，他们粗暴地把老奶奶拖到院子里，用皮带狠狠地鞭打她。

老奶奶发出痛不欲生的惨叫，我惊恐地瞪大了眼睛，张开嘴想要大叫，可是我妈妈跑过来，一把抱住我，捂住了我的眼睛和嘴巴，她不想让年幼的我看到这么残酷的画面。然而皮带落在皮肤上的响声、老奶奶凄惨的叫声，还有那些人的亢奋怒斥声，依然清晰地传入了我的耳中，在我的大脑皮层掀起惊涛骇浪，让年仅四岁的我，平生第一次感觉到巨大的不安和恐惧。

几天后，不堪忍受屈辱和伤痛的老奶奶去世了，我们家也接到了一纸无情的"驱逐令"，那些被称作"红卫兵"的人，限令我们全家三天内搬出北京城。

我妈妈是一个本本分分的妇道人家，她从小凡事都听我姥姥的安排，姥姥去世的时候，她已经嫁给了我爸爸，家里的大事都由爸爸来决定，所以我妈妈没见过什么世面，也没经历过什么大风浪。

自从爸爸被带走后，妈妈一直咬着牙，用自己单薄的肩膀支撑着这个家，虽然辛苦，但至少操劳了一天，一家老小还能有个挡风遮雨睡觉的窝，现在红卫兵把她最后一丝希望也夺走了，我家的大门被贴上了封条，我们一夜间成了无家可归的人。

望着三个年幼啼哭的孩子，我妈妈再也扛不住了，只好给我远在西安的姑姑发了求救电报。

姑姑和我爸爸是龙凤胎，兄妹俩的感情特别好。不过，我姑姑没有念过书，也不认识字，就是一个普普通通的工人，更没有什么政治嗅觉，接到我妈妈的电报后，她自己看不懂，只能去找邻居念给她听，结果邻居念完了，我爸爸被抓走的事也传扬开了。

我姑姑并没在意邻里间的风言风语，她只是惦记着她的弟弟被抓走了，弟媳一个女人家养不活三个年幼侄子侄女，于是她只身赶到了北京。结果我姑姑一到北京，就赶上了我妈妈被工厂轰出来。

我们家垮了，不仅我爸爸被抓走了，连我妈妈的饭碗也砸了，我姑姑的第一感觉是弟弟一家被人欺负了，她这个做姐姐的要站出来讨个公道。

姑姑年轻的时候曾经当过陕西省的人大代表，还到北京开过会，和毛主席、刘少奇等国家领导人合过影，虽然没有受过教育，但她的口才不错，在邻里间也颇有一点威望。于是，我姑姑义愤填膺地跑到我妈妈工作的工厂，找厂领导理论。

理论的结果令我姑姑大失所望，我妈妈厂里的领导根本没把我姑姑瞧在眼里，连办公室都没让她进，就站在人来人往的走廊里，用极其鄙夷和厌恶的口吻对我姑姑说："你是历史反革命的姐姐，你没有资格跟我们说话！"说完就粗暴地把我姑姑轰走了。

直到这个时候，我姑姑才意识到问题的严重性，这场灾难根本不是她能解决的，她没有能力替弟媳讨回公道，更救不出她的弟弟，她唯一能做的就是不让侄子和侄女们饿死。

在那样兵荒马乱的情况下，姑姑和妈妈两个女人家，做出了一个不得已的决定——全家离开北京。

我妈妈是绝对没有能力独自在异乡抚养三个孩子的，所以她带着我的姐姐投奔到一个农村的亲戚家，我和我哥哥则由我姑姑带回西安抚养。

1966 年的冬天，我原本幸福的家被拆分得四分五裂，四岁的我离开了熟悉的小院儿，离开了北京，离开了母亲的怀抱。

也许是和妈妈分别的时候哭得太伤心，从北京乘火车去西安的路上，我昏睡了一路，只记得火车轰隆隆地在田野上呼啸驶过，车窗外的天一会儿是白的，一会儿又黑了，不知过了多久，我们终于抵达了西安。

那一天，天空灰蒙蒙的，气温冷得出奇，一下火车，我就感觉呼吸都快被冻住了，姑姑一手拉着我哥哥，另一手抱着我，我们在站前坐上一辆人力三轮车，摇摇晃晃地颠簸到天黑，终于到了姑姑家。

然而，等待我和我哥哥的，并不是家人的欢迎和抚慰，姑父和姑姑的子女对我们的态度都是淡淡的，当时我只觉得姑姑家的人都不是很开心，后来我才知道，凭空多出两副筷子，对经济原本就不宽裕的姑姑家是一个多么重的负担，更何况还是两个"历史反革命"的后代。

住进姑姑家里的第一天晚上，我和哥哥就遭到了姑姑的严厉警告，她点着我们俩的脑门儿说："我告诉你们，从此以后，你们俩不许乱说话，绝对不能在外人面前提起你们的爸爸。"

我哥哥的年纪比我大很多，已经懂得察言观色了，听了姑姑的话，他沉默地点了点头。

我却不明白，歪着脑袋好奇地问姑姑："为什么呀？"

我姑姑瞪了我一眼，凶巴巴地说："因为如果你说错一个字，别人就会说你是反革命的后代，我们全家都得跟着倒霉，到时候，你就再也没地方去了。还有，你妈妈跟我说你很喜欢唱歌跳舞，我警告你，以后给我收敛点，不许在外人面前唱歌跳舞！听懂了没有？"

"听、听懂了。"我胆怯地回答，其实我根本没听懂姑姑的话，可是我不敢说不懂，因为姑姑看起来好凶。

就这样，我在西安的姑姑家住了下来，寄人篱下的处境可想而知，刚到西安的那些年，我记忆中唯一的印象就是孤独。

我哥哥当时已经上小学了，到了西安后，我姑姑就把他送去学校继续读书了，哥哥在学校里很快有了新朋友，那个年纪的男孩子都特别不愿意跟女孩子在一起玩儿，所以我哥哥从来没有陪伴和照顾过我；姑父的工作很忙，姑姑家的姐姐们也已经参加工作了，而且他们对于我和哥哥的到来一直心怀芥蒂，平时对我们就十分冷淡。

来西安之前，妈妈曾经安慰我说："小祥别怕，到了西安凡事都有姑姑呢，姑姑最喜欢小祥了。"

然而到了西安没多久，年仅四岁的我就发现妈妈骗了我，我姑姑并不喜欢我，平时吃饭的时候，如果我去夹盘子里的肉，姑姑就会不动声色地伸出筷子挡住我，而她却总是主动夹肉给我哥哥吃，还会鼓励地说："男孩子正是长身体的时候，多吃点肉才能长个子。"

姑姑会给我哥哥买新衣服穿，而我永远都只能捡哥哥穿旧的衣服和球鞋，在西安的那些年，我从来没穿过合身的衣服，脚上的鞋子也总是大两码，像拖鞋一样，稍微走快一点鞋就掉了，冬天里我没有棉鞋穿，脚上长满了冻疮，对于这些，我姑姑都是视而不见的。

一来二去，我接受了这个令我很沮丧的事实，我姑姑是个重男轻女很严重的人，她不仅不喜欢身为女孩子的我，还觉得我喜欢唱歌跳舞的活泼个性非常的不合体统，迟早要给她带来大麻烦。

一开始，姑姑还勉强容忍我的存在，后来对我的态度就越来越糟糕了，甚至经常无中生有地用言语来吓唬我。

记得有一天，家里养的猫跳到柜子上，把摆在上面的毛主席像撞到地上摔碎了，我姑姑当场吓得脸色铁青，她一边颤抖着清扫碎片，一边恶狠狠地吓唬在一旁玩儿的我："如果有人知道了这件事，我们家就倒霉了，到时候，红卫兵就会把你抓起来，关进监狱里，用鞭子狠狠地抽你！"

还有一天，我一个人趴在床上玩儿，姑姑突然走过来，把一枚铜钱丢到我面前，然后对我说："这是你妈妈给你的，你妈妈让老鹰叼走了，留下一个铜钱儿给你玩儿。"

年幼的我还不懂得该如何去分辨对错和真假，每每听到姑姑说这样的话，我都会信以为真，或是当场嚎啕大哭，或是夜里持续做噩梦，每一天都活在深深的恐惧和不安之中。

至今我也想不明白姑姑为什么要那样对我，也许她自己都不明白，因为生活在那样一个年代里，每个人的心中都会压抑着一股无处发泄的愤怒吧。

除了忍受姑姑随兴而起的言语暴力之外，平日里我唯一能做的事，就只是趴在窗台上往外看。因为我姑姑是街坊四邻里的能人，她经常要组织居民搞卫生、开会，忙得不亦乐乎，四岁的我还没法带着出去，我姑姑既不愿意整天带着一个小拖油瓶在身边，也很忌讳我的"历史反革命后代"身份，所以，每当她要出去办事的时候，就把我一个人反锁在家里。

每天从早到晚，我的活动范围只有姑姑家的屋子，没有人陪我，也没有跟我说话，渴了就自己倒自来水喝，饿了就吃姑姑给我留的凉馒头，天气晴朗的时候，我也不能像别的小孩子一样出去玩儿，只能透过小小的窗户看看外面的世界，如果遇到打雷下雨，我就把自己埋进被子里，用手死死地捂住耳朵，咬紧牙关，任凭恐惧和绝望的泪水在脸颊上大颗大颗地滑落，却绝对不会哭出声来。因为我知道，不管我哭得再大声，都不会有人来抱我、哄我，如果被姑姑听到了，她只会变本加厉地羞辱我，甚至对我大打出手。

刚到西安的头几个月，每当姑姑把我反锁在家里，我总会在心里期盼着她早点回家来陪我，但渐渐地，我反而开始期盼着她不要回家了，因为她一回家就会骂我，有时候心情不好还会动手打我，对于一个四岁的小女孩儿来说，这样的日子是悲哀和无奈的，因为我不知道自己做错了什么，也不知道该怎样改变自己的处境，我不想待在这个令我提心吊胆、坐立难安的地方，可是我又没有别的地方可去，我好想我的妈妈。

从四岁到小学一年级，整整两年的时间，我几乎是被锁在空荡荡的屋子里度过的，我对着墙壁说话，对着天花板说话，对着桌椅板凳和锅碗瓢盆说话，然而它们从来没有给过我任何回应，到处都是一片死气沉沉，静得让我心慌，让我害怕，让我的内心充满了不安和恐惧。

如今，人们觉得我是个很爱热闹的人，不论是在企业里，还是在家里，我都喜欢把大家都叫到我身边来，然而只有跟我极其熟悉的人才会知道，我这种"爱热闹"的性格背后，隐藏着的是深深的悲哀。

幼年时期被反锁在屋子里长达两年的遭遇，给我的内心造成了不可磨灭的伤害，我害怕独自待在屋子里，不管是大房子还是小房子，只要房间里只剩下我一个人，恐惧就会像一张无形的大网，铺天盖地地把我吞噬。

我宁愿跟我不喜欢的商业对手同处一室，也不愿意一个人面对着空荡荡的屋子。除此之外，我还见不得那些拐卖儿童的社会新闻，每当看到电视里播放出那些失去了孩子的绝望父母，或是在地铁里乞讨的孩子，我的心都会像被刀子切割一般的痛。

在西安的头两年，我整天整夜都在想妈妈，我从小就是妈妈一手带大的，四岁以前从来没有离开过妈妈，我始终不明白妈妈为什么不要我了，每当想起妈妈的脸，我就觉得鼻酸，夜里闭上眼睛，梦中全都是妈妈的身影，一次次地喊着"妈妈"，从梦中哭着醒过来。

我想回到妈妈的身边，我想回到我熟悉的小院儿，我想回到北京，我想念妈妈，想念爸爸，想念姐姐，想念我记忆中美好的一切人和事儿。

然而我只能终日趴在冰冷的窗台上，望着别人家的孩子幸福地依偎在妈妈的怀抱里，看见别人家的孩子拿着爸爸新买的玩具，看见别人家的孩子和同龄的小伙伴快乐地玩耍。

只有我，什么都没有。

渐渐地，我对妈妈的想念中又多了一丝怨恨，我怨恨妈妈不要我了，我怨恨妈妈把我丢在西安，我怨恨妈妈骗我说姑姑很喜欢我，更怨恨她两年来对我不闻不问，我甚至偷偷地想，如果有一天妈妈来西安接我，我一定不跟她走，我还要大声对她说："我没有你这样不负责任的妈妈，我不想再当你的女儿了！"

我并不知道，在那样的年代，身为一个"历史反革命"的妻子，我的妈妈究竟遭受了多大的屈辱，经历了多少心酸和无奈。

记得有一天，我又被关在家里，为了打发时间，我把姑姑家的被子拆开了，揪出里面的棉花，扔到天花板上假装下雪。正当我玩儿得起劲儿的时候，我姑姑突然推门回来了，我低头看着满床满地的棉花，心里顿时像揣了一只小兔子，扑通扑通跳个不停，凭借着本能，我知道自己今天又要挨揍了。

然而接下来发生的事情让我很意外，我姑姑并没有生气，甚至还对我笑了笑，嗔怪地说："这孩子，你看你把家整成啥样了。"

这时我才注意到，我姑姑并不是一个人回来的，她身后还跟着一个陌生的阿姨，那个阿姨一进屋就冲我笑，从口袋里掏出许多糖来给我吃，还拉着我的手对我嘘寒问暖，我高兴极了，因为已经很久没有人对我笑过、陪我说话了。我兴致勃勃地拉着阿姨的手，把我的"桌子朋友"和"椅子朋友"们介绍给她。

阿姨用复杂的眼神看着我，轻声问道："小祥，你平时就跟桌椅板凳一起玩儿吗？"

"是啊，因为我不能出门，只能跟它们玩儿，虽然它们不会说话，但会一直陪着我，不会像我妈妈一样丢下我不管。"我认真地回答。

我姑姑急忙走过来，对那个阿姨说："小孩子童言童语，你别当真，我平时经常带小祥出去玩儿的，是不是小祥？"

说完，姑姑扭过头，背对着阿姨向我使眼色，同时，她捏着我的手也在暗暗用力，我赶紧连连点头，再也不敢说话了。

那个阿姨在姑姑家坐了一会儿就离开了，等阿姨走后，姑姑脸上的笑容立刻消失得无影无踪，抄起扫把就朝我打过来，教训我把她心爱的棉被扯坏了。

挨了一顿打，我就把那个阿姨忘得一干二净了，根本不知道那个阿姨是受了我妈妈的委托来看我的。

在过去的两年时间里，我妈妈先是带着姐姐在农村的亲戚家躲了一阵子，寄人篱下的日子肯定是不好过的。很快，妈妈再也无法忍受亲戚的白眼和嫌弃了，带着姐姐又回到了北京，开始了坚持不懈的上访，每天她天不亮就起床，到政府机关抗议、上访、托关系、找门路，能想到的办法她都用尽了，这期间的辛苦、承受的屈辱可想而知。幸运的是，经历了一番波折和艰辛后，我妈妈终于重新回到了工厂上班，小院里儿的房子也还给了我妈妈。

工厂里的人对我妈妈的态度不是很好，但至少不再欺负她了，长达两年的颠沛流离和朝不保夕的日子，让我妈妈仿佛老了十几岁，她的腰弯了，身上也落了不少病，她咬着牙勒紧裤带，靠着微薄的薪水，艰难地供养着姐姐上学，再也没有多余的力量去照顾远在西安的哥哥和我了。由于生活的艰辛，妈妈跟姑姑很少联系，自然也很少收到过有关哥哥和我的消息。

就是在这时候，工厂里有一个女同事要去西安出差，我妈妈就硬着头皮拜托人家顺道来看看哥哥和我，结果，这个阿姨回到北京后，把在西安的所见所闻原原本本地告诉了我妈妈，最后还叹息着说："你的那个小女儿的情况不太好，她姑姑对她不太好，天天把她关在屋子里，孩子只能对着桌椅板凳说话，精神都不太好了，而且，孩子心里很怨你啊！"

我妈妈那两年过得实在是太苦了，精神压力本来就已经很大了，远在西安的哥哥和我本来就是她心里的一道伤，毫无音讯的时候还能在心里留一点幻想，现在得知我不但过得不好，还在心里恨着她，我妈妈再也撑不住了，当场就精神崩溃，疯了。

那是我妈妈第一次疯，她把自己的衣服和头发扯得稀烂，又哭又叫地跑出工厂，直接去了胡同口的幼儿园，看见四五岁的小女孩儿，她就尖叫着我的名字扑上去抱人家，小孩儿们都被吓哭了，好在幼儿园里的老师们认识我妈妈，几个老师上来把孩子们带走，另外几个老师负责把我妈按住，并给工厂打了电话。

工厂派了几个工人和一辆平板车赶到幼儿园，直接把我妈妈捆起来送进了精神病院。在精神病院里过了几次电针之后，我妈妈的情绪终于逐渐恢复了正常，不久后，她重新回到了工厂上班。

隔年，我爸爸回到了北京，三年来，他一直被关在偏远山区的农场里接受"改造"，因为表现良好，农场给他放了一年的探亲假，让他回家跟亲人团聚，我妈妈就借这个机会把哥哥和我也接回了北京。

离开北京的时候，我还是个乳臭未干的四岁小女孩儿，现在已经是七岁的小姑娘了，人也变得内向了许多，不再像小时候一样爱唱爱跳了，即便是在爸爸和妈妈面前，我也总是怯生生的，跟别人说话的时候从来不敢看着别人的眼睛。对于我的变化，我妈妈看在眼里，痛在心上，只能用加倍的母爱来补偿我。

至于我曾经说过的"再也不原谅妈妈"的气话，也在重新见到妈妈的那一刻荡然无存了。在妈妈的安排下，我在北京上了一年学，读完了小学一年级，可惜我在学校里没什么朋友，而且不论我走到哪里，都会有人指着我的脊梁骨说："她爸爸是反革命，她妈妈是神经病！"

但是，那一年我每一天都过得很幸福，因为我又能和爸爸妈妈在一起了，爸爸从来不会打我，妈妈从来也不骂我，再也没有人动不动就对我说难听的话，也没有人再把我反锁在屋子了，每到周末放假，妈妈就会带着我在北京城里去公园玩儿，我们几乎去遍了北京城所有公园，渐渐地，久违的笑容再次出现在我的脸上，我又能蹦蹦跳跳地到处给人唱歌和跳舞了。

我在北京开始了我的小学生涯，虽然成绩还不错。但我逐渐发现，我最感兴趣的东西，那就是毛主席诗词，这些诗词对我一生都有着重大的影响。我特别喜欢那些优美的诗句和深奥的道理，那一年我背诵了大量的毛主席诗词，这些对我的审美能力和价值观的塑造起到了无比重要的作用，我至今仍能将每一段文字倒背如流。

幸福的时光依然是短暂的，到了小学一年级快毕业的时候，爸爸的"假期"要结束了，他又要离开家、去继续接受改造了，妈妈也要上班，没办法照顾三个孩子，我和哥哥不得不又被送回了西安。

虽然只隔了一年，再次回到西安的我，却不再是那个乳臭未干的小丫头了，我已经是个八岁的大姑娘了，在北京度过了无忧无虑、备受呵护的一年，我读了书，重新找回了自信和勇气，再也不愿意过逆来顺受的日子了。

我再也不要被反锁在屋子里，再也不要忍受姑姑的言语暴力，更不要挨打了，我也知道，虽然爸爸和妈妈都很爱我，但是他们离我太远了，保护不了我，我要想过上有尊严的生活，就必须靠自己。

我自己的命运，我要自己来掌握，不要别人来操纵！

当姑姑再用难听的话来羞辱我的时候，我不再唯唯诺诺地往后退，而是勇敢地站在她面前，用比她更大的声音告诉她："你骗人，事实不是那样的！"

当姑姑再随手抄起什么东西朝我打来时，我不再惊恐地大哭，而是咬紧牙关，用毫不畏惧的目光直视着她，一直看到她停手为止。

我还会很聪明地尽量避免和姑姑正面冲突，而是利用在家里收拾屋子的时候，把尺子、擀面杖和扫帚这种能顺手抄起来打人的东西，都塞到特别隐蔽的角落里，这样当姑姑要打我出气的时候，至少我能被打得轻一点儿。

我在西安开始继续读小学二年级。

在学校里，我的处境依然和在北京时一样，俗话说"好事不出门，坏事传千里"，班上的同学们都知道我爸爸是"历史反革命"，妈妈是精神病，不仅同学们不跟我玩儿，老师看见我也躲得远远的。

很多时候，明明有好多孩子凑在一起玩儿，只要我一走过去，大家就像看见鬼一样散开了，每个人看我的眼神都是厌恶的、戒备的，一开始，那种被人排斥的感觉，让我心里很不是滋味儿，但时间长了，我也就慢慢习惯了，而且积极主动地尝试着改变自己的处境。

其实人和人之间的性格差异是非常显著的，同样的命运，如果落到其他孩子身上，大概会将他们打造成内向而自卑的人，我却恰恰相反，别人越是躲着我、不理解我的时候，我就越想吸引他们的注意力，他们不理我，我就主动去跟他们说话，不仅如此，我还给他们唱歌，给他们跳舞，给他们讲故事，就算得不到掌声，只能换来一番哄堂大笑，我也觉得非常开心，因为我给别人带来了快乐。

在表演这件事上，我不但有兴趣，还特别有天分，我的声音洪亮，感情饱满，唱歌和讲话的时候抑扬顿挫，情绪和吐字都能拿捏得恰到好处，那是一种无师自通、浑然天成的本领，仿佛我注定就该站在舞台中央闪闪发光。

只要一站在人群中表演起来，我心里的阴霾就都神奇地一扫而空了，别人的白眼和不屑，我也统统视而不见，心里只有巨大的满足和快乐。

只可惜，不管我唱得多大声，跳得多好看，表演得多精彩，我永远没有登上真正的舞台、参加演出的机会。不仅如此，学校里的任何好事也都轮不到我，坏事倒是肯定会摊到我头上，比如说排座位的时候，好学生和好学生坐一桌，家庭成分好的和根正苗红的坐一桌，而我永远只能跟傻子坐一桌，也许在其他人眼中，"反革命"的后代连傻子都不如吧，就算会唱两首歌，跳几支舞，也没什么大不了的。

每当到了下雨的时候，我都特别沮丧，因为同学们的爸爸妈妈都会举着伞来接他们回家，我只能一个人顶着雨孤零零地跑回家；我也特别羡慕其他的同学，他们能一家人团团圆圆地围在一张桌子前吃饭，大家边吃边聊天，每个人脸上都写满了幸福；我还羡慕别的同学每天都有妈妈在身边，他们的妈妈会给他们买漂亮的衣服、最新的小人书和好玩的玩具……

我羡慕的事情太多了，因为属于我的东西太少了，然而我最羡慕的，还是那些能够上台演出的同学，那种站在高高的舞台上、被万众瞩目的感觉，对我有着巨大的吸引力，我连做梦都渴望着自己能站上舞台，向别人展示自己，让所有人都看见我的才华。

身为"反革命"的孩子，这样的梦想实在是太奢侈了。

但我一点儿都不气馁，没有人给我机会，我就自己创造机会；他们不让我登台，我就在台下自己演；别人在台上表演什么，我在台下就演什么；他们演得不好的地方，我要演得比他们好，他们演得好的地方，我要演得比他们更好！

除了舞台上表演的剧目、独唱和独舞，我还自创了很多特别的小节目，最成功的小节目当数讲故事，我讲得最好的故事是语文课本上的课文《一块银元》，我把这篇经典的课文分成好几个角色来表演，每一个角色都配上不同的声调和语气，还有惟妙惟肖的专属动作，不论是在什么场合，只要我开口讲上两句，周围的人都会不自觉地放下手里的事情，被我的故事所深深吸引。

除了《一块银元》，我的拿手故事还有很多，比如《孔乙己》、《孔老二过河》、《西门豹治邺》，等等。

我走到哪儿就演到哪儿，走到哪儿就讲到哪儿，虽然我没有朋友，还因为家庭成分问题而饱受歧视，但只要我讲起故事，演起节目，我就感觉有另外一个灵魂在我身体里出现了，我不再是"反革命"的后代，不再是神经病的后代，更不是那个被姑姑言语暴力的可怜小女孩儿，而是一个充满了自信和光彩的小明星。

渐渐地，我在学校里越来越有名了，所有人都知道有一个叫王安祥的二年级小女生，唱歌跳舞非常棒，讲故事更是特别厉害。最终，我的名气传到了学校文艺队的老师们耳中，引来了他们的关注。

我们学校有一块宣传黑板，每次校文艺队有活动时，都会事先在黑板上写开会通知，让文艺骨干去参加，所有出现在黑板上的名字都是学校的风云人物，也毫无例外地都是根正苗红的工农子弟。

有一天下课的时候，当我走过那块黑板时，居然发现上面的会议通知里有了我的名字，周围的同学们看到我走过来，还情不自禁地给我鼓起掌来，那一刻，我没有在同学们的眼中看到排斥和歧视，所有人都是发自真心地祝福我，觉得这是我应该得到的荣誉。

去排练室的路上，我觉得自己的双脚像是踩在棉花上，心中充满了喜悦，眼里也不知不觉地噙满了泪水，我做梦也没想到，自己的名字会被写在那块象征着无尚荣誉的黑板上，我居然破除了出身的枷锁，靠着自己的努力实现了自己的舞台梦想！

直到今天，我都感激那个不满十岁的自己，正是因为她学会了对命运不低头，才能让我在未来的人生中撑过各种坎坷和曲折。

加入了文艺队之后，我很快就第一次登上舞台，成为了学校里名副其实的小明星。那时候的演出特别多，我从学校的舞台一路演上了西京厂的舞台，西京厂是一家拥有几千名职工的大厂，在当年的西京厂，只要有活动和演出，压轴戏就肯定是王安祥的节目。

当时在西安，最好的车是212吉普，是只有干部才有资格乘坐的车，然而我这个"历史反革命"的后代，也经常能坐上212吉普车，在西安的各大舞台上去演节目，工厂、部队、机关单位，只要我登台演出，台下的人就都会被我的表演和故事所吸引，观众们殷切的目光、雷鸣般的掌声，是孤单而背井离乡的我最大的精神力量。

每当我登上舞台，将欢乐和感动传播给别人的时候，我的脸上都写满了真挚与满足，从来没有人知道，在我的内心深处，一直有一个遗憾，那就是我从没有一身像样的演出服装，因为我姑姑不肯在我身上花钱，我身上的衣服都是我哥哥的旧衣服改的，不仅样式不适合女孩子，上面的补丁也是一块压着一块，穿着出门都会被人笑话，更别提上台了，演出的时候，我经常穿着姑姑的衣服，虽然样式老气、尺码大了些，但至少是干净整齐的。

鞋子也是奢侈品，我脚上穿的永远都是我哥哥穿剩的球鞋，破旧又不合脚，到了冬天也不能御寒，西安的冬天是非常冷的，我脚上生了严重的冻疮，痛得走路都一瘸一拐的，至今脚脖子上还留着一个特别大的疤。我的鞋码是29号，跟我身高一样的女孩子脚都比我小，这也许就跟我小时候总是穿大鞋子有关系。

　　不过，这些都是身外之物，并不会影响我在舞台上的表现，而且那个年代人们的穿衣风格是十分保守的，基本上都是蓝灰色调，大家穿得都不是很好，所以在穿着方面我没有感到多大的自卑，只是一点点小小的遗憾罢了。对于当时的我来说，能够上台表演，能够让人们放下家庭成分的偏见而接受我、关注我、喜欢我，就已经非常心满意足了。

　　但是，这样来之不易的学校生活只维持了两年，从小学四年级开始，我就不能继续上学了，因为我姑姑被检查出了晚期肺癌，住院了。

　　姑姑家的其他人都有工作，只有我是他们口中"吃闲饭的人"，照顾姑姑的担子自然而然就落在我肩上，我每天在家里和医院两头跑，给姑姑做饭、送饭，给她端茶倒水，还要包揽家里的家务活，根本没有时间去上学，我姑姑本来也不赞成让女孩子读书，跟学校连招呼都没打，就直接让我休学了。

　　失去了难能可贵的校文艺队成员身份，我着实难过了好几天，但很快我就又找到了新的舞台。我姑姑是在西安的第四军医大学住院，白天我在医院里伺候她，闲下来的时候，就会给医生、护士和病人们表演节目，没几天医院里的人就都认识我了，后来医院里有演出和培训也让我去参加，代表医院给观众表演节目。

　　当时姑姑家里的经济状况很拮据，住院和治病的费用入不敷出，但自从我开始替医院四处演出后，医院就破例免去了我姑姑的住院费，一日三餐也免费供应。不仅如此，医生和护士对她也特别好，还经常给她免费用一些好药，因为她是"小明星王安祥的姑姑"。

　　当然了，除了卖力表演之外，我也竭尽所能地和医院里上上下下的人搞好关系，别看我当时才上小学五年级，但我特别机灵，多年寄人篱下的经历，让我比同龄的孩子更擅长察言观色，大家都很喜欢我，也觉得我一个小姑娘照顾着重病的姑姑很不容易，都愿意帮助我。

就这样，时间一晃到了1976年，"四人帮"被粉碎了，受到迫害和被关起来接受改造的人陆续接到平反的通知，经历了长达十年的屈辱和磨难，滔天的冤屈一朝得以洗脱，很多人当场就兴奋过度，一命呜呼了。为了减少这样的悲剧发生，发通知的人不得不含蓄地对那些得到平反的人说："你表现得挺好，所以我们给你放个长假，什么时候让你回来还不一定，你把你的随身物品都尽量带回家去吧。"

我爸爸就接到了一份这样的"长假通知"，妈妈一个人煎熬了这么多年，总算把丈夫盼回来了，我爸爸前脚刚到家，我妈妈就迫不及待地动身去了西安，打算把我哥哥和我接回北京。

到了西安，我妈妈才发现我姑姑的病情已经到了油尽灯枯的地步，看着被病痛折磨的姑姑，我妈妈深感于心不忍，她知道姑姑现在很需要人照顾。

在医院看完姑姑后，我妈妈一个人跑到小树林里坐了很久，进行了激烈的心里挣扎，最后，她还是决定带哥哥和我回北京。不是我妈妈冷血无情，而是身为一个母亲，她不得不做出这个决定。

为了照顾我姑姑，我已经辍学四年了，在最应该去学校读书学习的年龄，我每天的唯一工作就是照顾缠绵病榻的姑姑，端水把尿。

我姑姑固然需要人照顾，但如果我不回去上学，我这一辈子也将被耽误了。没有哪个母亲面对着这样的选择，会愿意把自己的女儿留下。况且，每天从姑姑家到医院必经的小树林十分漆黑阴森，作为一个小女孩每天在这样的路程中来回穿梭，实在太过危险了。

　　于是，我妈妈将自己身上所有的钱都留给了我姑姑，把我哥哥和我强行带回了北京。

二 / 差生的抗争

四岁的时候，我被送去西安，年幼的我对西安的生活非常不适应，我思念妈妈，害怕被姑姑一个人锁在屋子里，每天都渴望着能回到北京，回到妈妈身边。

十四岁的时候，妈妈终于把我接回北京了，我却不适应北京的生活了，因为我已经习惯了西安的水土，习惯了西安的人，我靠着自己的努力，在西安闯下了一片小小的天空，对那里有了很深的感情，再加上那时候姑姑生命垂危，她虽然对我不好，但毕竟抚养了我十年，我不应该在她最需要我的时候丢下她。

回到北京后的很长一段时间里，一想到西安的人和事，我的心都会一剜一剜地痛，我给西安的同学、朋友和老师们写了很多信，但这些信都被妈妈截下了，她每天都看着我，还暗中叮嘱街坊邻居也都监视着我，生怕我一个人跑回西安。

在我的记忆中，妈妈是一个十分温柔和隐忍的女人，她从来不会打我骂我，连说话也总是轻声细语的，可如今，我发现那个妈妈已经不复存在了。

因为在"文革"中受到太多的屈辱和刺激，我妈妈生生被逼得发了疯，被送进精神病院遭受了好几次不人道的电针治疗，神智虽然恢复了正常，但她的性情发生了很大的变化，变得十分敏感、脆弱，极度神经质，一点点不顺心的事，就会让她变得歇斯底里。雪上加霜的是，原本她以为自己苦等了这么多年，终于把丈夫和儿女们都盼回来了，从此一家人可以和和美美地生活在一起了，可惜她没有想到，这些年我爸爸过得也很苦，他已经年过花甲，即便得到了平反，对人生也心灰意冷了，更没有能力再去爱别人。

我爸爸回到家后，并没有给妻子足够的关心和爱护，我妈妈心里委屈，怨恨丈夫对她的冷漠，她也没有别的办法，只能到处跟我爸爸过不去，用言语激怒他，我爸爸也不让着她，两个人说不过三句话就会吵起来，家里被搅和得乌烟瘴气，我耳中永远充斥着父母的相互怨怼、责备和诅咒。

长期活在一个没有爱和包容、只有恨和抱怨的家里，对人的精神摧残是难以想象的，更别提那时我整颗心都牵挂着西安的人和事，每一天都像被焖在油锅里一般，备受煎熬。

除了在家里感受不到温暖之外，在外面我也同样找不到安全感，我已经十四岁了，十年寄人篱下的生活使我很会察言观色，每当出门的时候，我都能明显地感受到周围的人对我投来的异样眼神，甚至有些调皮的孩子，会毫不避讳地当面叫我"乡巴佬"、"外地来的"。

对于这些侮辱和诋毁，我无言以对，因为连我自己都觉得自己很土气，我不知道北京的孩子们流行穿什么，流行玩儿什么，我甚至连过马路都过不好。我家就住在马路边上，一看到车水马龙的街道，我就紧张得两条腿都打颤，妈妈告诉我，只要看到绿灯就可以过马路了，可我还是不敢，因为那些小汽车和大巴士开得太快了，万一司机没刹住车怎么办？所以每次过马路的时候，我妈妈都得陪着我，如果她没空，就得找个邻居带着我过马路。

北京城太大了，我觉得这座城市里的一切都是那么的高高在上，那么多的楼房，那么多的车子，那么多骄傲的人，所有的这一切都充满了距离感，和我格格不入，虽然这是我出生的故乡，也将是我未来生活的地方，但是我依然深深地觉得，我不属于这里。

我该属于哪里呢？西安吗？或许也不是，我只是怀念过去十年在西安的点点滴滴，怀念那个我早已经适应了地方。

十四岁的我，陷入了青春期的迷茫，找不到自己的心灵归宿。

虽然精神上充满了苦闷，但现实中我却不能继续无所事事地待在家里，我得和同龄的孩子一样去上学了。我上头还有一个比我大几岁的亲姐姐，我姐姐长得非常漂亮，从小到大，不管她闯了什么祸，只要她皱起眉头撒个娇，大家就不忍心再责怪她了，所以我姐姐从小就特别有自信，能说会道，办事能力特别强。于是，我爸爸和妈妈就把送我去学校报名的任务交给了我姐姐。

于是一天早晨，我就跟着姐姐去学校了，姐姐直接把我带到校长室，大大方方地跟校长介绍了我们家的情况，最后一本正经地说："我们没有转学证，不过我妹妹以前就是在这片学校上的小学一年级，今年她十四岁了，跟她一样大的孩子都上初二了，所以她也得上初二。"

当时"文革"刚刚结束，学校也刚刚恢复教学没多久，各种规章制度都不太完善，见我姐姐的态度十分斩钉截铁，校长也就没多问，很痛快地给我办了入学手续。

整个过程都由我姐姐一手操办，直到被一名姓张的老师领进了一间坐满学生的教室，我才意识到，在西安只念到小学四年级就休学的我，直接插班上了初中二年级！

我永远也忘不了在新学校、新班级里上的第一节课，那是一节英语课。英语老师一走进教室就让大家拿出纸笔，进行单词听写。西安的小学课程里是没有英语的，我当时连英语是什么东西都搞不清楚，听着老师在讲台上念出一串串拗口的单词，我完全傻了。

可是，我看见班上所有的同学都认真地在纸上写着，我紧张得满手心都是汗，也不敢吱声，更不敢表现得跟别人不一样，只能硬着头皮揣摩着老师的发音，在纸上写满了拼音。

听写结束，老师当场评分，一看到我的卷子，老师立马火冒三丈，指着我的鼻子吼道："你写的这是什么东西？"

随后，他还用夸张的音调把我写的拼音念了出来。全班哄堂大笑，我羞得面红耳赤，强忍着眼泪跟老师解释道："老师对不起，我以前在西安没学过英语。"

"没学过你凭什么坐在这里上课？"英语老师不客气地奚落道，"连英语都没学过，你就应该留级，初一跟不上就回到小学去重读！"

我的眼中噙满了泪水，深深地低着头，听着那些难听的责骂和羞辱，感受着同学们嘲讽而厌恶的目光，真恨不得找条地缝钻进去。然而这才只是一个开始，从此以后，在课堂上被老师羞辱和责骂，就成了我的家常便饭，长达四年的休学生涯，让我几乎连小学四年级的知识都忘得差不多了，更别提初中二年级繁重的功课了。

每当上课的时候，老师讲的知识我都像鸭子听雷一样，什么开根号，什么多元多次方程，全都是天方夜谭。我唯一能跟上的一门课就是语文，因为我喜欢讲故事，喜欢看书，所以认字比同龄人多，作文也写得很好，但这并不能抵消老师们对我的反感。

就这样，我上课的时候被老师挖苦，下课的时候还要被同学们排挤，他们都说我是乡巴佬、老爸有问题、倒数第一，不配和他们坐在一间教室里。

在学校里度过的每一天，都跟下了十八层地狱一样折磨和煎熬，我心里委屈极了，我不笨，也不傻，只是没学过那些知识而已，我不想被人瞧不起，更不想一直遭受这样不公平的待遇，我要用实际行动来证明自己。

于是我就拼命地看书，拼命的听讲，尽管听不懂，我也目不转睛地看着老师，竭尽所能地把老师讲的东西死记硬背在脑子里了；下了课，我就抓紧时间把容易遗忘的知识点记下来；晚上到家一吃完晚饭，我就抱着书本开始自学，初二的课本看不懂，我就回去从初一的开始看，初一的还是不懂，干脆从小学课本开始学起。

从小我的记忆力就好，所以文科的科目我完全可以自学，理科就比较吃力了，就算能看懂书上的公式和定理，可是一到做题的时候就会卡壳，我常常为了一道数学题而苦恼好多天，没有人帮我辅导。数学老师一看见我拿着这种简单的题目去问他，就会对我大加羞辱，压根不给我解答。我妈妈每天都要在工厂上夜班，哥哥和姐姐们也都参加工作了，没时间管我的事。我爸爸倒是整天赋闲在家，可是他整天都闷闷不乐地把自己关在屋子里，还得了严重的精神衰弱症，一到了晚上，我们家连灯都不让开，生怕打扰爸爸休息。

幸好我家住在马路边上，到了晚上，我就搬着小板凳去路灯下学习，我拼命地看书、背诵、做题，慢慢地，我的成绩有了一点起色，老师讲课的时候，我多少能听懂一些了，但我在班上依然是垫底的，因为我的基础实在是太差了，而且就算我再拼命、再刻苦，有一门课我始终望尘莫及，那就是英语。

那时候不像现在，有网络，有各种各样的英语学习书籍、工具和影像资料，那个年代，全北京城里懂英语的人都是凤毛麟角，更别提辅助书籍了，每当打开英语课本，我就觉得像翻开了天书，那上面的单词我一个字也不认得，也不会念，根本不知该从何处下手。

更惨的是，我们班的英语老师从第一节课开始就把我当成眼中钉、肉中刺，向他请教是绝对不可能的。不过我这个人从小就有一股不服输的劲儿，别人越是看低我，我就越是要想方设法地让自己强大起来，我每天都绞尽脑汁地琢磨，该怎么提高自己的英语成绩呢？靠自学肯定是不行的，必须得找外援，找谁呢？

经过一番观察，我终于有了一个合适的人选——一位姓陶的英语女老师。陶老师是上海人，会英语和俄语两门外语，"文革"前她曾经是一名优秀的俄文翻译，在"文革"中陶老师被批斗得特别惨，现在虽然恢复了工作，但她在学校里还是很受排挤，诸如评职称和选先进这种事儿都轮不到她，我觉得陶老师的经历和我很相似，也许她会理解我的难处，愿意帮助我。

有了目标，就要立即展开行动！

我主动找到陶老师，眼含热泪地对她说了我们家的情况，最后恳切地请求道："陶老师，我从小学四年级开始就没读过书了，现在我跟不上初二的课程，虽然我每天都在拼命地自学，但是英语我真的学不会，您能帮帮我吗？"

也许是我的真诚打动了陶老师，也许是她对我的经历产生了同病相怜的情愫，听完我的话后，她沉默了半天，最后叹了一口气说："好吧，你以后每天午休时间来办公室找我，我帮你补习英语。"

于是第二天午休时间，我就去办公室找陶老师补习功课了。陶老师真的非常善良，她体谅到我是个毫无英文基础的孩子，所以讲得非常浅显、细致，如果她发现我脸上流露出一点困惑，马上就耐心地将知识点重新讲一遍。

我听得如饥似渴，还认认真真地做笔记，英语书上那些鬼画符一样的文字，在陶老师的讲解之下终于变得生动而具体了，我终于知道了它们的发音和含义。

不知不觉中，午休时间结束了，我和陶老师都有一种意犹未尽的感觉，离开办公室的时候，我发自内心地给陶老师深深鞠了一个躬，然而当我转过身的时候，却看见了我们班的英语老师，他坐在办公桌后，正用一种嘲弄而厌恶的眼神死死地看着我，我心里咯噔一声，赶紧低下头逃也似地离开了办公室。

第三天午休时间，我依然去找陶老师补英语，过程依然很愉快，但我总是能感受到身后有一道充满怨念的目光，一直在恶狠狠地戳着我的脊梁。那道目光无疑就来自我们班的英语老师，从我来到这所学校的第一节课开始，他就看我不顺眼。

当然我也明白，我不是陶老师班上的学生，我自己来找陶老师补课，肯定会得罪我们班的英语老师，让人觉得我根本没有把他放在眼里，可我没有办法，陶老师是唯一肯帮我的人，我只能找她。好在我们班的英语老师只是瞪着我而已，并没有开口说什么，所以我便暗藏侥幸地想，他不会把我怎么样，毕竟他也是一个老师，看到学生主动上进，他应该感到欣慰才对。

结果到了第四天午休，我第三次去找陶老师补课的时候，我们班的英语老师再也忍受不住了，我刚在陶老师的桌边坐下，他就噌地站了起来，哐地一脚踹开办公室的门，怒气冲冲地出去了，没过一会儿，他又一脚踹门走了回来，用非常夸张的粗暴动作拉动椅子，将椅子腿儿在水泥地上蹭出刺耳的摩擦声，以此来表达他内心的不忿。

我没敢回头，陶老师也脸色苍白地没有作声，但我们俩都知道，那是冲着我们来的，可我们都不知道该怎么办才好，只能硬着头皮、装作什么也没听见地继续补课，只是我的脸涨得越来越红，陶老师的声音也低得像做贼一样，我从来没有觉得一个午休的时间是那样的长和煎熬。

隔天，上午的某一节下课，我顺着教学楼的楼梯往楼下走，走着走着突然发现我们班的班主任和陶老师刚好走在我前面，出于礼貌，我不想抢老师的路，所以就轻手轻脚地跟在他们身后，他们俩都没有注意到我，就这样，我听到了他们的对话。

我们班的班主任用严肃的口吻对陶老师说："你还在给我们班的王安祥补课吗？你呀，给谁补课不好，非得给她补？她爸爸的历史问题到现在还没解决呢，谁知道将来会不会有什么变数？你这不是给自己找麻烦呢吗？"

陶老师像做错事的孩子似的说："我、我没想那么多，只是觉得小姑娘挺可怜的，也挺好学的，就想帮帮她。"

"啧啧啧，咱们学校里有那么多家庭成分好的孩子，你帮谁不行？"我们班的班主任嗔怪道，"再说了，你还嫌自己的问题不够多吗？难不成你还想被人再抓住小辫子批斗一遍吗？我说这些都是为了你好，我劝你别再给她补习了，你真的错不起了。"

陶老师没再作声，我的心也有如沉入了深海，从陶老师的沉默中，我感受到了深深的无奈，我替她悲哀，更替自己悲哀。

到了那天午休的时候，我还是拿着书本去找陶老师。果然，我一坐下，她就满脸愧疚地对我说："王安祥，你看这样好不好？我今天把初级英语的重要语法都一次性地教给你，你可能一下子消化不了这么多内容，但你可以先做好笔记，等以后自己回家再慢慢消化，我、我可能不太方便再给你继续补课了，希望你能理解。"

其实我心里并不觉得意外，但听到陶老师充满自责的声音，我的鼻子还是忍不住发酸了，强颜欢笑地对她说："陶老师，我能理解你。"

然后我就一句话也说不出来了，因为只要再多说一个字，我的情绪就会崩溃。

这一天，陶老师轻声细语地给我补了最后一次课，她给我讲了好多好多的知识，恨不得把整个初中的课程都一次性地教给我。我感受得到她的愧疚、她的真心、她的无奈，我也努力地记着笔记，可不知为什么，她的话我一句也听不进去，我的眼泪一直在眼圈里打转，只能拼命地咬着牙关，不让眼泪掉下来。

补课结束后，我站起来再次深深地给陶老师鞠了一躬，一字一顿慢慢地说："陶老师，谢谢您。"

当我的双腿跨出办公室的一刹那，眼泪终于像断了线的珠子似的流了下来。

三 / 瑕不掩瑜

自从陶老师不教我之后，我的英语学习不得不中断了。

好在通过我不放弃的自学，其他课程的成绩都渐渐有了起色，其中最优异的就是语文，我写的作文经常被语文老师当作范文来当众朗诵，有几次还在全年级公开展示，这样一来，我不再像一开始那样默默无闻了，也有一些同学会主动来跟我说话。

我在学校里逐渐有了几个能说得上话的朋友，甚至在下课后，他们偶尔也会叫上我一起出去玩儿，我在北京的日子终于过得不再那么孤单了。

如今我常常对我的员工说，一个人如果自己想要学好，全世界都会来帮助他。这绝不是一句空话，而是我从小的切身感悟。

因为我没有放弃自己，没有因为别人的看不起而自暴自弃，始终坚持着学习，不断地充实自己，所以在机会到来的时候，我才能用自己的双手紧紧地抓住它。

我刚回到北京的时候，左邻右舍的小孩儿都笑话我是"土老帽儿"，谁也不愿意跟我一起玩儿。后来我在学校里有了朋友，这些朋友偶尔会来我家里找我，渐渐地，邻居的孩子们对我也没那么排斥了，而且，只要他们跟我接触过一次，就会发现我并没有他们想象中的那么无趣，我很大方，也很爱笑，更从来不跟人生气计较。时间长了，大家虽然嘴里还管我叫"土老帽儿"，但却都喜欢带上我一起玩儿了。

那是一个百无聊赖的周末午后，我坐在我家门口昏昏欲睡地看着书，这时，邻居家的一个名叫萍萍的小孩儿走过来跟我闲聊。

萍萍蹲在我家门口跟我聊了一会儿天，突然说："土老帽儿，你去过北京市少年宫吗？"

"那是什么地方？"我好奇地看着她。

"哎呀，说你是土老帽儿，你还真是土得掉渣呀！"萍萍开玩笑地推了一把，然后神秘兮兮地从口袋里掏出两张票，掩饰不住得意地对我说，"我这刚好有两张票，怎么样，今天我带你去北京市少年宫开开眼界去？"

"好啊。"我高兴地点点头，随即又满脸认真地问她："你这票多少钱啊？"

"这是我妈单位发的，要什么钱啊？你可真是个土老帽儿。"萍萍哭笑不得地说。

于是，我就跟着萍萍一起，乘坐 103 路电车到了北海，下车后步行到了北京市少年宫。

一走进少年宫，我立即就被这里浓浓的艺术氛围吸引了，耳畔回荡着阵阵悠扬的琴声和歌声，干净明亮的走廊两侧，一间间教室的门上都挂着不同的牌子，有故事组、唱歌组、跳舞组、话剧组、木偶组，等等，所有的教室里都在进行着异彩纷呈的彩排，我在一扇扇门玻璃前看得目不暇接，只觉得能在这样的地方排练和表演，简直像童话故事里一样美好。

我心中立即冒出了一个念头——我要加入北京市少年宫！

萍萍在少年宫里有很多朋友，一进来就自己去玩儿了，我把每一间彩排教室里的情形都看了一遍，最后轻轻地推开了"故事组"的教室门。

故事组正在进行个人自由展示排练，学员们轮流上台表演讲故事，我安静地站在角落里，抱着学习的心情认真聆听。没想到听了一会儿，我突然忍不住笑了起来，我当然不是觉得他们讲得不好，他们毕竟是北京市少年宫的学员，一个个的普通话都说得字正腔圆，举手投足间也充满了首都孩子特有的骄傲与自信。他们能将很难很长的稿子背得很流利，发音也十分标准，每一个动作也都设计得非常漂亮，却唯独缺少了一样最重要的东西，那就是感情。

他们的表演经过了很专业的技巧性训练，这就导致他们习惯性地用经验和技术去修饰表演，而不是发自内心地热爱表演，发自内心地有着将故事中的情感分享给别人的热情。

而这种情感，恰恰是我最擅长的。这么一想，我就再也坐不住了，壮着胆子直接走到在一旁被学员们称为"陈老师"的辅导员面前，有些激动地对他说："陈老师你好！"

陈老师讶异地上下看了看我，问道："你是我们组的学员吗？"

我挺直胸脯，有点不好意思地说，"陈老师，我叫王安祥，我也很会讲故事，而且肯定比他们讲的都好，你可以给我一个机会吗？"

即使到了今天，能加入北京市少年宫的孩子，除了自身条件好之外，家里也都是要很有背景的，几乎都是些高干子弟才能拥有的特权，所以，听到我的毛遂自荐，故事组里的北京孩子们都笑着起哄道："这个土老帽儿是谁啊？真逗！她以为北京市少年宫是随便什么人都能进来的吗？"

我的脸涨得通红，但依然用坚定的目光看着陈老师。陈老师并没有流露出嫌弃我的样子，而是用饶有兴致的眼神看着我，笑眯眯地说："既然你很喜欢讲故事，能给我们现场讲一个吗？"

"我能！"我高兴地大声回答，扭头大步走到舞台上，深吸一口气，轻声吟诵了一段《雪花赋》，"别在春之头，来在秋之尾，性本耐严寒，色白花无味……"

在"文革"的风气尚存的年代，人们的朗诵风格还是延续着"文革"期间的左派作风，讲究的是气出丹田，语惊四座，音量是十分高亢、嘹亮的，喜欢用诸如"啊，毛主席！啊，我的祖国！"这样的慷慨激昂的排比句，朗诵者都以声音洪亮和嗓门大为荣。

当然了，这种"豪放风格"我也会，但我并不喜欢，我认为不论是演讲、朗诵还是讲故事，都不是靠音量来吸引听众的，而是要靠情感、眼神及恰到好处的身体语言来与听众进行一场心灵的交流，要打动别人，首先要能打动自己。而且，表演者一定要理解自己要表达的东西是什么，然后再根据文章的内容来揣摩表演。

所以，我用了一种轻柔的气音来朗诵这首《雪花赋》，声音柔美而悠扬，神情从容，眼中充满了神往，将我自己和聆听者都带入了漫天飞雪的意境中……

教室里本来十分喧哗，学员们都在起哄，等着看我的笑话，可我一开口，大家就都不出声了，包括陈老师在内，所有人都目不转睛地看着我，听着我，随着我的声音，融入了我创造出的小小意境之中，偌大的教室里，只剩下了我的朗诵声……

一首诗朗诵完，教室里安静了好几秒，突然爆发出热烈的掌声，陈老师听得眼眶都湿润了，激动地走到我面前说："演得太棒了，你的水平完全能加入少年宫，我很欢迎你加入我们，不过这件事不能我一个人说了算，这样吧，我带你去见北京市少年宫的总辅导员——胡老师。"

说完，陈老师安排其他学员自由活动，把我领到了总辅导员办公室，对胡老师说："今天来了一个学生，演得特别棒，我把她带来了。"

胡老师长得很严肃，用审视的目光上下打量了我几眼，似笑非笑地说："好啊，那就给我演一段儿吧。"

"好！"我嘴上答应着，脑子却在迅速转着，心想，刚才我表演了《雪花赋》，现在总不能再演一遍一样的吧？我得换一个！

于是，我清了清嗓子，搬出了《一块银元》的故事，这是我在西安表演时最受欢迎的一个节目，这个故事我讲了无数遍，每一次都能引起全场轰动的效果。

这一次也不例外，当我声情并茂地结束了表演后，胡老师看我的眼神都变了，两眼放光地问道："你是哪个学校的？我以前怎么没听说过你？"

"胡老师，我是三十八中学的，名叫王安祥，"我老老实实地回答，"我以前在西安读书，去年才回到北京。"

"好！"胡老师用力一拍桌子，吓了我一大跳，"你留下吧！"

这回，反倒轮到我惊讶了，我难以置信地问："我真的可以留下了吗？您不问我别的问题了吗？"

其实，我心里一直害怕他们会调查我的家庭成分，还有我的学习成绩，如果他们知道我是"历史反革命"和神经病的后代，如果他们知道我的学习成绩不太好，还愿意要我吗？

可胡老师什么都没问我，他只让我填了一张表格，然后给了我一张北京市少年宫的进出证，并和蔼地对我说："我们每个周末都有活动，你都要来参加，平时有活动也会通知你，现在你可以走了，回家好好准备一下吧，哦，下次来的时候，别忘了带上你的学生证。"

我拿着那张写着"北京市少年宫"的进出证，走出了总辅导员办公室，整个人就像做梦似的。

没走两步，正在到处焦急找我的萍萍就跑了过来，一把拽住我，又气又急地说："你跑哪儿去了？吓死我了，我还以为你走丢了呢！"

我激动地握住萍萍的手，眼含泪光地对她说："萍萍，我去总辅导员办公室了，我给他表演了一个节目，他把我录取了。"

萍萍立即用看神经病似的眼神看着我，哭笑不得地说："土老帽儿，你是犯癔症了还是发烧了？这可是北京市少年宫，你以为你是谁啊？吹牛也不能这么吹吧！"

"我没吹牛，他们真的录取我了，"我不服气地把手里的"进出证"给她看，"你看，我加入的是故事组，出入证都发给我了。"

萍萍还是不相信，拉着我就往辅导员办公室走，边走边说："你这证肯定是捡的，不然就是偷的，反正我不信，除非辅导员亲口告诉我，否则你得把这证还给人家。"

我被萍萍连拉带扯地又拽回办公室，胡老师用奇怪的眼神看着我，问："你怎么又回来了？"

"胡老师，这是我的邻居，"我腼腆地指着萍萍说，"她想问问您，我是不是真的被录取了？"

"是啊，你被录取了，这还能有假？"胡老师亲昵地拍拍我的头，哑然失笑地说，"从此以后，王安祥同学就是北京市少年宫的一员了。"

那天离开少年宫的时候，萍萍的表情比我还像做梦。

就这样，我加入了北京市少年宫，学校里并没有人知道这件事，我自己也没有张扬。

直到不久后一天，课间十分钟，教室里乱成一锅粥，突然有人推门进来喊了一嗓子："王安祥，去一趟教导处，教导主任找你！"

教室里顿时鸦雀无声，全班同学都用异样的眼神看着我，因为只有犯了严重错误的学生才会被传唤到教导处，凡是从教导处出来的学生，轻则警告记过，重则开除处理。

　　去教导处的路上，我的心里像揣了一只小兔子，心脏怦怦跳个不停，搜肠刮肚地回想，我究竟做错了什么事儿？我在学校里一直表现得很规矩啊。想来想去，我终于想到了一个令我哭笑不得的原因，会不会是因为我哥哥？

　　也许是因为我爸爸和妈妈都长得很好看，所以他们俩生下的孩子也都特别漂亮，之前我提过，我姐姐很漂亮，另外和我一起在西安长大的哥哥也很帅。但我哥哥比我年长很多，已经毕业参加工作了，但他还经常和学校里高年级的学生一起玩儿，很多高年级爱玩儿的女生都认识我哥，也很喜欢我哥，为了赢得我哥的好感，她们在学校里经常主动跟我打招呼，我又是个很讲礼貌的孩子，人家跟我打招呼，我就会跟人家回打个招呼。

　　不过，这些喜欢跟社会青年混在一起的女生，都是老师眼中的坏学生，有些老师甚至不客气地称她们是不学好的"流氓"，这就间接造成了一个事实——王安祥认识很多学校里的"流氓学生"。

　　除了这件事之外，我再也想不出自己还犯了什么其他的错误了。

　　我忐忑不安地走进教导处，发现我们班的班主任老师也在那儿，两个人的面色都不太好看，我的心情顿时更紧张了，两只手有点发抖地搅着衣襟，头也不敢抬起来。

　　教导主任倒是没提我认识"流氓学生"的事儿，而是劈头盖脸地问我："王安祥，你们家是什么背景啊？"

　　我吓了一跳，难道不是因为我哥哥，而是因为我家的成分问题而要"修理"我吗？

没等我开口回答，教导主任又咄咄逼人地继续说道："你爸爸不就是个"历史反革命"吗？就你这背景，北京市少年宫凭什么能录取你？别说北京市少年宫了，西城区少年宫咱们学校都没几个人能挤进去，你给我解释一下，这到底是怎么回事儿？"

说完，教导主任把一个信封掷到我面前，我两手发抖地把信封拿起来一看，是北京市少年宫给我发来的彩排通知，少年宫按照我填的表格上的地址，直接把通知寄到了我们学校。

原来不是因为我认识"流氓学生"而传唤我，我心里暗暗松了一口气，赶紧把自己被少年宫录取的经过讲了一遍。

教导主任和我们班的班主任全都大吃一惊，两个人上上下下地打量我，教导主任难以置信地问："你会讲故事？"

我面色坦然地点点头。

教导主任又问我们班的班主任："这件事儿你一点儿都不知道？"

"她怎么可能会讲故事呢？"我们班的班主任一脸尴尬地说，"我看这件事儿有问题，八成是搞错了。"

"没有搞错，我确实是被北京市少年宫的故事组录取了，"我不卑不亢地回答，"我可以把我的'出入证'拿给你们看。"

说这话的时候，其实我心里感觉有点委屈，为什么不论是萍萍，还是班主任和教导主任，都不相信我呢？难道"历史反革命"的后代就不能有一技之长吗？这种因为家庭成分不好就彻底否定一个人的思维方式，我非常不理解。

"既然你说你会讲故事，那你就给我演一段儿！"我们班的班主任不到黄河心不死地说，而且他脸上还露出看好戏的戏谑笑容。

"好啊！"我暗暗咬了咬牙，没有将心中的不忿表现在脸上，而是满面笑容地整理了一下自己的衣服，不假思索地张口朗诵了起来，"假如我是一只鸿雁，我将展翅飞上九天……"

这是一首纪念周总理的诗，名叫《送上我心头的思念》的歌词，我用了悲伤的语调，抑扬顿挫，婉转悠长，整个人都沉浸在对亲爱的周总理的缅怀之情中。

当我饱含深情地朗诵完最后一句，回过神来，这才发现，教导主任和我们班的班主任的眼眶都红了，除了被我的朗诵打动之外，我想只要是身为一个中国人，一定都对人民的好总理充满了怀念。教导主任和我们班的班主任看我的眼神，也不再是戏谑和不信任的了。

但我们班的班主任还是挺要面子的，他故意做出一副不太高兴的样子说："还行吧，朗诵得还挺像那么回事儿。不过我还是要批评你几句，你有这么好的才华，为什么不主动跟老师说呢？"

"你这个做班主任的也不称职，班上有这么好的一棵苗子你也没发现。"教导主任白了我们班主任一眼，热情地对我说："你加入了北京市少年宫，这是我们学校的光荣。不过你毕竟还是我们学校的学生，以后学校里的演出节目，你也一定要积极参加才是。"

我连忙点头。

就这样，我加入北京市少年宫的消息在学校里不胫而走，以后学校里但凡有演出活动，都会安排我的节目。整个中学阶段，我就是在繁忙的演出活动中度过的，除了大大小小的演出之外，大部分的时间我都要用来编排新节目，只能挤出极少的时间去补习功课，这样一来，我的学习成绩一直徘徊在中下游的水平，英语和数学更是从来没有及格过。

不过，我在学业上的瑕疵，并没有掩盖住我在舞台上绽放出的光芒，舞台、灯光和掌声，令我的中学时代过得非常充实，而且在编排节目的过程中，为了寻找更多、更好的素材，我阅读了大量古今中外的名著和书籍，阅读面和视野都打开了。

一晃，我十八岁了，和所有的同龄人一样，即将面临着决定未来命运的高考。在那个刚刚恢复了高考不久的年代，成为一名光荣的大学生，是所有寒窗学子共同的梦想，我也不例外。

所以在高考前的几个月，我推掉了所有的演出，专心致志地备考复习，可惜，我的学习基础实在是太薄弱了，对于英语和数学这样需要长期积累的学科，突击式的复习取得的效果微乎其微。

尽管我拼尽了全力，最终还是失败了。我的高考成绩非常差，与所有我报考的大学都失之交臂。

高考落榜后，我的求学之路中断了，再也没有书可读，也没有工作可做，一夜间，我成了别人眼中无所事事的待业青年。

亲戚和朋友都劝我，赶紧找个工作，自食其力，也替家里分担一下经济压力。可是我一点儿都打不起精神，我打心眼儿里不想参加工作，我心里只有一个念头——我还想继续读书，因为我心里总有一种说不清的预感，我的求学生涯还没有结束，我肯定还会再回到校园里。更重要的是，我对一件事非常笃定，那就是在未来的中国，唯有知识才能改变一个人的命运。

但这所谓的"知识"，不是书本上的填鸭式教育，而是根据一个人的理想而去进行的专业化的学习。然而十八岁时的我，还没有找到让自己想要为之奋斗一生的理想。

我喜欢舞台和表演，但我知道自己不能一辈子靠讲故事过生活，我必须有更加扎实的一技之长，才能在社会上立足，而舞台经验和讲故事的能力，只是我未来人生中锦上添花的一部分而已。

　　在这样的情况下，我不想出去工作，我想好好思考一下自己到底想要做一个什么样的人？我现在应该学点什么？而在我看来，最有助于思考和学习的地方，就是学校。所以，我想回到校园里，继续上学。

　　于是，我跟我妈妈说，我想复读，好好补习一年，再考一次大学。但是我妈妈根本不搭理我，她也不给我钱去复读。我妈妈还哀怨地对我说："一个女孩子家，读那么多书有什么用？将来能嫁一个好人家才是最重要的，你呀，只要别像你妈我一样，瞎了眼嫁给你爸这样的人，你这一辈子就该知足了……"

　　我实在受不了我妈妈没完没了的抱怨，便硬着头皮去找我爸。那个时候，我爸爸终于结束了赋闲在家的萎靡待业状态，因为他年轻的时候是学土木设计专业的，如今北京市的中央党校在西城分校盖房子，我爸爸就被特聘过去，负责监督营建工程，是份钱少活儿多的苦差事，只是总算能让我爸爸有个事做、摆脱我妈妈的唠叨了。

　　我爸爸是个知识分子，思想果然比我妈开明得多，他很赞同我继续复读、考大学，但他手头也不宽裕，顶多能资助我一些钱去买复习资料，更多的钱他也拿不出来。

　　但我并没有放弃，回到家，我琢磨了好几天，终于想到了一个办法，我又跑到工地上找到我爸，对他说："爸，你在工地上给我安排个活呗？我想自己赚学费。"

　　我爸很痛快地答应了，于是我就乐颠颠地去西单的党校工地上当起了女工。我的工作内容是筛沙子，筛一天能赚两块钱。我每天都顶着大太阳去筛沙子，没几天整个人都晒成了古铜色。暑假结束后，我赚了六十多块钱，那是我人生中靠自己的双手赚来的第一桶金。

很快到了 9 月份，学校要开学了，我揣着筛沙子赚来的六十块钱，去北京市第八中学的复读班报了名，开始了我的复读生涯。

六十块钱当然是远远不足以应付一年的学费的，我必须一边上学一边继续打工赚钱。在工地上筛沙子的时候，我认识了好多人，在他们的介绍下，我也积极地到处接零活儿干，比如帮邮局粘信封、帮工厂折纸箱、帮寿衣店折纸金元宝，等等。

其中最有意思的一份零工，是给服装厂做外包的缝纫工，活儿很简单，就是往女式内裤上匝绸花。绸花都是工厂做好的，只要用缝纫机匝到内裤上就可以了，匝一朵花能赚 6 分钱。

可是我们家没有缝纫机，那段时间，我把我们家那条胡同里有缝纫机的人家都跑遍了，今天借东家的缝纫机踩一个小时，明天借西家的缝纫机匝半个钟头，我才不管人家愿意不愿意借给我，也装作听不见人家的抱怨，我只管埋头匝花。

赚到钱了，我就拿去交学费，买参考书，因为打工占用了很多时间，所以我每天夜里都要看书到凌晨以后，早晨天不亮就起床嘟嘟囔囔地背单词，为了省钱，我不吃早饭，上午经常饿得头晕眼花。现在回想起来，那个时候我真的是很有激情，也很有干劲儿，而且我一点儿都不觉得苦，也不觉得可悲，我满心里想的都是要参加高考，考上一所好大学，让自己有一个好的未来。

可惜我最终还是没能圆上大学梦，半工半读了大半个学期之后，有一天，我正在别人家蹭缝纫机往内裤上匝花，我妈妈突然把我叫回家，用无比严肃口吻地告知我："我可以病退了，工厂允许子女接我的班。我们家里是肯定供不起大学生的，你的年纪也不小了，别再任性了，去工厂里接我的班吧！"

我心有不甘，但一想到家里的条件，我也不想再给家里增添烦恼，最终，我无奈地妥协了。

　　十八岁那年，我放弃了心心念念的大学梦，接了我妈妈的班，成了电视配件五厂的一名流水线工人。

第二章　激荡的青春

一 / 参加工作

到电视机配件五厂上班的第一天，我一大早就自己来到工厂的人事科，同一天来工厂接班报到的还有好几个跟我年龄相仿的年轻人。

我一进屋，就感觉气氛有点不对劲，有几个人指着我小声交头接耳，我隐隐听到他们似乎是在说："那就是安科长的女儿……"

我不知道安科长是谁，还以为他们是在说别人。后来我才知道，这位安科长是刚刚从五厂退休的供销科科长，我和他的女儿长得有点像，而且那天安科长的女儿迟到了，所以大家都把我当成是供销科科长的女儿了。

人事部的科员对我非常客气，连例行问话的程序都省略了，直接把我带到楼上的无尘车间，分给我一件雪白的白大褂，笑眯眯地告诉我："你以后就在这里上班，工作内容是拧螺丝，很简单的，一点儿都不累。"

我小时候去医院的时候，看见医生和护士都穿着洁白的白大褂，觉得她们特别神气和漂亮，简直像仙女下凡一样，我也曾幻想着自己有一天也能当一名救死扶伤的白衣天使，如今我虽然没能当上真正的白衣天使，但也穿上漂亮的白大褂了，看着镜子里穿上白大褂后亭亭玉立的自己，我心中那种因为不能继续读书而产生的无奈，多少得到了一点安慰。

就这样，我在五厂环境最好的车间里，穿着白大褂、戴着白手套，拧了一上午螺丝。拧螺丝是一件特别轻松的活儿，我干得很认真，效率也很高，流水线上的班长还夸奖我："这个小姑娘一点儿都不娇气，干活真踏实，不错，有前途。"

我心里暗暗好笑，因为我长这么大都没有人用"不娇气"来夸过我，像我这种家庭出身的孩子，"娇气"这两个字跟我有什么关系？这个班长说话真有趣。

没想到，就在我被班长夸得面红耳赤的时候，刚才送我来的那名人事部科员突然急匆匆地跑进来，这回他脸上一点儿笑容都没有了，气急败坏地指着我吼道："你，出来一下！"

我一出去，人事部的科员就不客气地说："你赶紧把白大褂脱下来！"

"为什么啊？"我不明白地问。

"为什么？你还好意思问我？我还要问你呢，你叫什么名字？"人事部的科员冷笑着反问我。

"我叫王安祥。"我老老实实地回答。

"啧啧，你还知道你是谁啊？"人事部的科员指着我的鼻子尖，劈头盖脸地训斥道，"你难道没有一点儿自知之明吗？就凭你妈妈在工厂里的级别，你也配穿上这身白大褂？居然还敢冒充是安科长的女儿，害得我被领导骂了一顿！"

这下我终于明白是怎么回事儿了，原来大家把我当成干部子女了，难怪都对我那么客气，想到这儿，我的脸更红了，手忙脚乱地把白大褂脱了下来。

人事部的科员劈手夺下白大褂，然后把我领到一间又脏又黑、噪音又大的车间门口，随手扔给我一件蓝灰色的粗布工作服，不耐烦地说："这就是你工作的车间，自己进去吧！"

我接过那件又丑又旧的工作服，心里充满了耻辱。我和那个安科长的女儿都一样是刚刚步入社会的小姑娘，因为在学校里成绩不够优异，所以只能来工厂里接父母的班，从个人能力上来看，我和她之间并没有什么不同。就因为她妈妈是供销科的科长，而我爸爸是个"历史反革命"，我们就要被残酷地分成两类人，受到截然不同的待遇，乃至走上截然不同的人生道路？

安科长的女儿走到哪里都高人一等，受到别人的礼遇，连做工都能穿上干净又体面的白大褂，坐在干净的车间里；而我，处处要看人眼色，被人呼来喝去，穿着又脏又破的粗布工服，像猫狗一样轰到又黑又吵的大车间里做粗活。

想到这些，我的心里一片黑暗，不甘心又无奈地迈进了车间，也迈进了属于我的世界。

我的工作内容是剥电视天线铜管上的毛刺，工作过程中要使用砂轮机磨刀，也许是天生就不适合做这种事，我始终操作不好砂轮机，每当锋利的砂轮嗡嗡地转动起来，我整个人都会跟着紧张起来，全身的肌肉绷得生疼，每次上砂轮机我都战战兢兢、提心吊胆，心里什么都不敢想，只期盼着赶紧结束。

因为心中充满了不甘和不情愿，我和工友们相处得也不是很好，工人们都是些性格粗犷豪放的人，他们平时凑在一起，嗓门一个赛一个的大，聊天内容中总是夹杂着许多荤腥的粗话，我常常听得脸红心跳，不敢插话，我对这些话题没有任何兴趣。

在学校里的时候，我和比较要好的同学们在一起，聊的都是理想、未来，谈的都是浪漫的诗词歌赋。我融入不到工厂的气氛之中，每当工人们高谈阔论那些鸡毛蒜皮和闲言碎语时，我心中就有一个声音在高声呐喊着：王安祥，你不要瞧不起他们，用不了多久，你就会变成和他们一样，这就是你的未来，是你逃避不了的命运！

最初进入工厂的那段日子里，我每天夜里都会哭喊着惊醒，我心中充满了恐惧，因为我不想让自己日复一日地变得粗浅、庸俗，更不想在枯燥乏味的流水线上度过自己的一生。可是我又能怎么办呢？如果我现在离开工厂，暂且不提父亲会有多失望，母亲又会闹成什么样子，光是想到我该如何养活自己，都已经令我足够望而却步了，我可以靠打零工勉强交足复读的学费，但如果没有父母的接济，我连饭都吃不起，就更别提大学的昂贵学费了。

我心里充满了迷惘和苦闷，我的心每一天都想要逃离，可我的身体却被死死地困在令人窒息的厂房里，汲汲营营、战战兢兢地操作着砂轮机，剥着铜管上仿佛永远也剥不干净的毛刺，我感觉自己就像是一只被困在囚笼里的鸟，我本志在蓝天，却被困在铁笼的一隅。

后来有一首红遍大江南北的歌，有几句歌词贴切地勾勒出了我当时的处境：我是一只小小小小鸟，想要飞，却怎么样也飞不高，我寻寻觅觅，寻寻觅觅一个温暖的怀抱，这样的要求，算不算太高……

在这样的心境状态下，我整个人都非常脆弱，渴望得到家人的温暖和抚慰，然而令我难过的是，我妈妈的精神状况更不乐观，她根本没有能力去抚慰和包容我，反而会增加我的苦闷。

每当我结束了一天的工作，身心疲惫地回到家，等待我的永远是我妈妈的抱怨和刻薄的挑剔，她会无休无止地在我面前数落我爸爸的不是，回味她这一生中经历的种种痛苦，怨怼着每一个人对她的亏欠和不公；如果我做家务，她就会指责我做得不够干净，不够利落；如果我煮饭煮多了，她就说我故意给家里搞破坏，浪费粮食；如果我煮饭煮少了，她就更加大发雷霆，说我诚心不想让人吃饱……

家，多么美好的一个词儿，可它却渐渐变成了我的负担，我不愿意回家，也不敢回家，刚好工厂的职工宿舍里空出一个床位，我索性就搬到了职工宿舍里，只有周末的时候才回一次家。

远离了充满负能量的家，每天下班了之后，我终于能有几个小时的清静时间，想一想自己的心事和自己的未来。一段时间后，我满心的委屈和压抑，渐渐地平复下来，我开始冷静地思考自己接下来的出路，我是绝对不想一辈子在这里当工人的，我必须要靠自己的努力离开这里，但是我该怎么做呢？

想来想去，办法还是只有一个，那就是学习。只有通过学习，让自己变得更强、更有力量，才能让我真正挺胸抬头地离开这里。

这样一来，一切就又落回了最令我头疼的问题上，我该学点什么呢？我自己又想学什么？我将来想做一个什么样的人？这一连串的问题深深地困扰着十八岁的我，令我每天茶饭不思，愁眉不展。

因为我日夜都想着这些问题，所以也就不自觉地在生活中的每一件事情里，都试图探究着这些问题的答案，功夫不负苦心人。一段时间后，我终于在一次看电视的时候，找到了答案。

一个周末，我放假回到家，吃完晚饭后我想看一会儿电视，正当我伸手准备打开电视机的时候，心中突然没来由地蹦出一个有点顽皮的想法——当我打开电视机的时候，第一个播出来的节目是什么，我就可以试着去学什么。

带着这样的想法，我郑重其事地打开了电视机，几秒钟后，电视屏幕上出现了《新闻联播》的画面，画面的背景是北京的人民大会堂，一位中央领导人正在接见日本贵宾，一名翻译站在两人中间，为这场会谈做着同声翻译。

我的注意力立即被电视画面深深地吸引了，不过吸引我的并不是那位中央领导人，也不是趾高气扬的日本贵宾，而是那位优雅从容、风度翩翩的同声翻译，至今我也不知道那位翻译的姓名和长相，但他的气度和浑身上下散发出的自信的光芒，却永远烙印在我的脑海中。

就在那短短的几分钟时间里，我终于有了人生中第一个明确而具体的理想——我要做一名日文翻译！

我从小就是一个执行力特别强的人，只要我心里有了主意，就会立即行动起来，想方设法地去实现自己的目标。第二天，我毫不犹豫地拿出在工厂上班积攒的全部积蓄，买了一台半导体收音机听日语广播讲座，开始自学日语。

说来也奇怪，当我找不到人生的目标时，我觉得身边的一切都令我心烦，令我压抑，而一旦我心中有了理想，身边的一切立马也有了新的面貌，我不再讨厌工厂了，甚至庆幸自己是一名工人，因为这样我才能赚钱，买到我从前不敢奢望的半导体，买到日语书籍，还能满足自己的一日三餐，让我有充足的体力去学习。

我利用一切闲暇时间学习日语：在工厂里，只要完成了流水线上的任务，我立马就捧起日语书；下班后，我连吃饭都在听日语广播。我的耳中再也没有噪声了，不管是工友们的高谈阔论，还是我妈妈的喋喋不休，我全都充耳不闻，因为我的精神世界充实了。

只要有时间，我就蹲在角落里，看书，听广播，嘀嘀咕咕地背诵。

时间长了，工厂里开始有了风言风语，工友们明里暗里地议论我，说我和我妈妈一样都是精神病，天天躲在旮旯儿里嘀嘀咕咕、自言自语。连我妈妈都觉得我的精神出了问题，她私下里跟我哥哥和姐姐说："小祥是不是疯了，她居然在自学日语！就凭她，能学会吗？"

　　对于外界的闲言碎语，我一律当作没听见，整个身心都扎进了成为日文翻译的理想中，每一天我都是充实的，快乐的，就像陷在旱地里的鱼儿终于回到了水里，我生龙活虎地工作，如饥似渴地学习，我的世界又变得精彩而充满了希望！

二 / 情窦初开

人这一生的经历，就像是海浪，起起伏伏，荡到高点之后，接下来就会跌落，而一旦跌至谷底，随之而来的就将是新的高点。

我的人生也不例外，我身边的人总说我是一个适应能力很强的人，在任何一个新环境里，我都能很快找到属于自己的位置，并为自己设计一个最为理智的目标，然后矢志不渝地调用一切内部和外部的力量去达成。

其实，我并没有人们说的那么完美和无所不能，因为我毕竟不是超人，也不是一台没有感情的机器。我只是一个普普通通的女人，我也有感性的一面，甚至年轻的时候也曾因为赌气和任性而跌过重重的一跤，这一跤险些彻底葬送了我的日文翻译理想。

在工厂里，因为和工友们没有共同语言，家庭成分又不好，我能说得上话的朋友并不多，其中有一个从技校毕业的男孩子，他长得挺精神的，因为是同一年接班进厂的，又在一个车间工作，也都比较喜欢看书，所以我们俩偶尔能聊上两句，但也就只是在做工休息的时候，聊过两次彼此看过的书而已，从来没有过其他方面的深入了解。

在我开始自学日语后，整个身心都投入到了日语中，不论是吃饭还是睡觉，脑中想的都是日语，就连在工厂做工的时候都会时常走神儿。俗话说，在其位谋其事。虽然我心怀远大的理想和包袱，但身为工厂的工人，必须将自己的本职工作认真做好，否则肯定会受到教训，而我受到的是一次血的教训。

有一天上工剥毛刺的时候，我发现我的刀刃钝了，便坐到砂轮机前开始磨刀，磨着磨着，我就不自觉地想起了昨天晚上读过的日语文章，越想越入神，突然间，我的手指头传来一阵钻心的痛。

我一下子回过神来，低头一看，我居然把手指头插进砂轮机里了，手指头上的皮当场就被磨掉了，血溅了一地，猝不及防的意外让我瞬间脸色煞白。我哆哆嗦嗦地摸出一张纸包住手指头，走到班长面前说："报告班长，我的手受伤了，挺严重的，得上医务室。"

那阵子我上工老走神，班长已经说过我好多次了，一开始他还以为我想偷懒，可当我把血肉模糊的手指头从纸里拿出来时，他也唬住了，意识到我不是在开玩笑，赶紧说："你怎么这么不小心啊？你这伤太严重了，咱们工厂的医务室肯定处理不了，这样吧，给你放半天假，你赶紧去附近的二龙路医院看看吧！"

我攥着伤可见骨的手指头，自己坐着公交车去了医院挂急诊，止血、清创、包扎、打破伤风针，一通折腾下来，我虚弱地捂着钻心痛的手指头，脚步踉跄地走出医院。

刚走到医院的大门口，一个人突然在我身后拍了我一把，吓得我"啊"地叫了一声。

扭过头一看，居然是那个曾经跟我聊过几次诗词歌赋的男孩子，他正坐在自行车上，一只脚撑在地上，笑眯眯地看着我。我有点意外地说："哎，你怎么会在这儿呢？"

"哦，我感冒了，来医院挂个水，你怎么了？"他看到我缠得像粽子一样的手指，关心地问道。

"别提了，手指不小心伸到砂轮机里了。"我故作轻松地说。

他脸上的笑容一下子就收起来了，眼中充满了责备地说："你怎么这么不小心呢？你看伤得这么严重，脸上都没有血色了。我看你还是不要挤公交车了，我骑自行车送你回宿舍吧！"

我很感激地接受了他的好意，因为我确实是没有力气挤公交车了。这就是我和他之间第一次在工作之外的时间的接触，不过这也就是工友之间顺路送了一程的礼节，根本谈不上是交往，在我看来，这连友情都算不上。

不久后，我报名参加了一个日语夜校班，每天从工厂下班后，我顾不得吃饭，就要步行二十几分钟，乘坐 7 路汽车去丰盛胡同的丰盛中学上日语课。说来也巧，那个男孩子的家就在公交车站附近，我们俩经常会在路上遇到，每次只要看见我，他就会停下来，推着自行车陪我走到公交车站，等我上了汽车，他再骑自行车回家。

其实我们俩一路上都很少聊天，只是自顾自地往前走，我脑子里一直都在想日语，也没留意他在想什么。

后来有一天，他又陪我在汽车站等汽车，等到汽车来了的时候，我扭头要上车，他突然把自行车往前一推，拦住我说："你先别上车。"

"怎么了？"我不解地问他。

"没怎么，我就是想再多跟你聊一会儿天。"他看着我的眼睛，特别认真地说。

这时，汽车的车门关上了。我看着开远的汽车，想着今天晚上的课我肯定要迟到了，哭笑不得地看着他说："看来我不再跟你聊一会儿都不行了。"

我们俩就站在汽车站，天南海北地又聊了一会儿，直到下一班汽车来。对于这件事儿，我完全没有多想，只是觉得他这个人挺有意思。

可我的想法毕竟只是我的想法，那个年代，男女之间的交往还是非常保守的。一对年轻男女经常在一起走路和聊天，不管两个人之间是多么的纯洁，看在别人眼中都会有另一层意思，再加上这个男孩子比较喜欢打扮，头发留得有点长，衣服也穿得很时髦，在当时属于比较前卫的青年。而在很多厂领导眼中，他是一个流里流气的青年。

很快，工厂里有了风言风语，每当我和这个男孩子走在一起的时候，都有工友在一旁指指点点。我是问心无愧的，那个男孩子也很豁达，并没有把这些话放在心上。然而，我们俩的不辩解，反而助长了工友们的怀疑，他们开始变本加厉地造谣、传谣，甚至编出了许多不堪入耳的内容，最终，这些谣言传到了厂领导耳中。

早在我来五厂报名的那天，就和人事部的科员结下了"梁子"，听说这件事后，人事部的科员直接去了我家，对我妈妈说："你本人在单位的表现就不是很好，整天神神经经的。没想到你女儿还不如你呢，上班没几天，业务搞得不熟练，居然学会了搞对象！"

我妈妈满脸羞红，难堪地问："我们家小祥跟谁搞对象了？"

人事部的科员用嫌弃的口吻说了那个男孩子的名字，还严厉地补充道："那就是个流氓，头发挺长，穿得流里流气的，你女儿怎么会和那种人搞在一起，你真得好好教育教育她！"

至今我都觉得很好笑，不明白有些人的脑子里整天都在想什么，好好的一个男孩子，技校毕业，踏踏实实、本本分分地在工厂里做工，只是头发稍微长了点儿，爱打扮了一点儿，怎么就成了流氓了呢？而且我们之间只是简简单单的工友情谊，单纯得连手指头都没碰过，到了这些人的嘴里，怎么就成了不正经和搞对象了呢？

人事部的科员训斥了我妈妈一顿，扬长而去。

我妈妈当即大哭一场，哭完之后，她还哀怨而伤心地找到我哥哥和姐姐哭诉："小祥真是太不争气了，我好心好意让她接我的班，她不领情就算了，还不好好工作，现在居然还跟流氓搞起了对象。我的命怎么这么苦啊！"

在我妈的极力"宣扬"下，不出一下午，我们家所在的整条胡同里的人，都知道王安祥跟一个流氓搞上对象了，我妈妈还一个电话打到了工厂，让我晚上回家。

晚上我结束了夜校的课程，身心疲惫地刚一回到家，我妈妈立即冲了上来，劈头盖脸就问我："听说你跟流氓搞对象了？"

我又惊又气，羞愤难当地问："哪个造谣生事的说我跟流氓搞对象了？"

"你还不承认！"我妈妈憋了一天，见我居然还敢跟她顶嘴，当即火冒三丈，抄起一根擀面杖就往我身上乱打。

我没防备，被打了好几下，身上疼，心里也又害臊又生气，大声朝我妈喊："你随便打，打死我也还是那句话，我没跟任何人搞对象！"

我哥哥看气氛不对，赶紧把我推到里屋，我妈还在屋子里骂骂咧咧地又哭又闹，我哥哥安抚了她一会儿，总算让她安静下来了。

然后我哥哥走了进来，我还以为他不会像我妈妈一样头发长见识短，至少会问问我到底是怎么回事儿，没想到我哥哥张嘴就义正辞严地对我说："你必须马上跟那个人断了！"

"你们都疯了吗？"我哭笑不得，但还是耐着性子跟我哥哥解释道，"根本就是没有的事儿，断什么断呀？"

我哥哥居然火了，脸红脖子粗地吼道："王安祥！你都几岁了，怎么还这么不懂事儿啊？你想把咱妈气死啊！"

我心里委屈透顶，终于明白了什么叫"跳进黄河也洗不清"，羞愤之下，我负气地大喊："我说了，我没跟谁搞对象。你们既然不信，那就随你们的便吧，你们说我搞了我就搞了吧！"

"你真是不知羞耻！"我哥哥当即抄起一根棍子，暴跳如雷地咆哮道，"赶紧跟他断了，不然我就把你的腿打断！"

"你打吧！"我大哭起来。

我哥哥一看我一点儿都不怕，他也没辙了，用力把棍子往地上一扔，指着大门跟我喊道："你给我滚，再也别回来了！"

我捂着脸冲出了家门，一边哭一边跑，心中充满了委屈和愤怒。

不知跑了多久，我终于跑不动了，眼泪也流干了，哭不出来了，只剩下一肚子委屈想要跟人倾诉，但此时已是深更半夜，为了上课，我连晚饭都没吃，身上的衣服也很单薄，兜里更是没有半毛钱，连走路回工厂宿舍的力气也没有了，我能去哪儿？我能找谁倾诉？

邻里、亲戚和朋友肯定都从我妈妈那里，听说了我的"丑事"，工厂里的工友们也都在等着看我的笑话，我又没什么知心又可靠的朋友……想来想去，我想到了他，虽然他也很无辜，但毕竟是他主动来接近我的，这件事他怎么也脱不了关系。

于是，我硬着头皮来到路边的公用电话前，好说歹说人家才答应让我赊账打了个电话，为了省电话费，电话一接通我就开门见山地问道："你现在方便吗？"

"方便啊，"他听出了我浓浓的鼻音，担心地问，"你怎么了？"

听到他关切的话语，我的鼻子一酸，哽咽着对他说："你到白塔寺来，咱们俩见个面好吗？我就在这儿等你。"说完我呜呜哭了起来。

他更紧张了，连忙问："这么晚了，你一个姑娘家怎么跑到那儿去了？到底发生什么事了？"

我抽抽噎噎地说："咱们厂人事科的人跑到我家里，跟我妈妈告状，说我跟你搞对象。我妈妈把我叫回家，又打又骂，非逼着我跟你断了。我跟你之间又没什么关系，这些人怎么这么无聊？"

电话那头陷入了沉默，我还以为他把电话挂断了，几秒钟后他才开口，语气前所未有的凝重和低沉，他说："你在白塔寺等我，我马上就来。"

半个小时后，他的身影出现在我面前，又冷又饿、满腹委屈的我毫不犹豫地扑了上去，一头扎进了他的怀里。

他的胸膛很结实也很温暖，我抱着他，心中突然涌出一丝异样的感觉，他的心跳也越来越快。我们就那样紧紧地相拥在一起，许久之后，他突然开口说："既然大家都不相信我们俩没关系，那我们不如就在一起吧，反正、反正我一直挺喜欢你的。"

我神使鬼差地点了点头。

在那天晚上之前，我和他之间确实是清清白白的。但没有人相信我们的清白，我的家人宁愿相信一个言语恶毒的科员的话，也不愿意相信有着血浓于水亲情的我。就这样，在谣言的诋毁和推波助澜下，我正式开始了我的初恋。

几年后，我和这个男孩子结婚了，生了儿子，又过了一些年，我们因为感情破裂而离婚。这是我这辈子唯一的一段婚姻，深陷其中的时候，我看不清自己的感情和心，我只是本能地抓住他的手，贪恋他胸口的那一点温暖。

离婚多年之后，当我终于能冷静下来，清醒地回望这段感情，我才惊讶地发现，我和他之间或许从来就没有真心相爱，这只是一场被世俗推波助澜而成的错误。

三 / 从工人到翻译

我常常跟身边的人说"女孩子要尽可能地富养"。一个从小就在家庭中得到足够的爱的女孩子，她会更加自信，内心更有安全感。

而那些从小缺乏父母关爱的女孩子，她们的内心就像是有一个天然的缺口，随着她们年龄的增长，这个缺口也会被撕扯得越来越大，只要有人对她稍微好一点，她就会奋不顾身地扑上去，飞蛾扑火一般将自己的身心投入到爱情的温暖陷阱中。

都说爱情会让女人的智商变低，初恋时的我，真的就是如此。

自从被我哥哥轰出家门，很长一段时间我都没有和家人联络。工厂里也有很多风言风语，我走到哪里都有人在背后戳我的脊梁骨，甚至在工作中刁难我。而我已经十八岁了，我不能再像小时候一样，靠着讲故事和唱歌跳舞来吸引别人的注意和好感，我更不想去讨好那些无中生有的人。

然而人总是需要精神寄托的，上班的时候，我总是咬着牙坚持完成自己的工作，甚至要加倍地努力，比从前做得更好；下班了，我就将全部的注意力都放到他身上，全世界都可以不理解我，只要他还在我身边，我就不会是孤零零的一个人。

我的眼中和我的世界里再也放不下别的，甚至连之前视为理想的日语学习也糊里糊涂地中断了。

我每天都看着他，管着他，如果他有一点点做得让我不满意的地方，我就会患得患失，疑神疑鬼。热恋的时候，男人可能觉得女人缠着自己是撒娇，是情调，可当激情渐渐褪去后，他不再觉得这是幸福，反而觉得这是一种负担和麻烦。

他开始没那么喜欢跟我厮磨在一起了，不上班的时候，他总是会找各种理由出去，躲着我，远离我。他对我的疏远，让我心中非常的不安，也非常无助，表现在行为上，就是加倍地看着他，管着他，不想让他离开我身边寸步。终于有一天，他再也受不了了，我们之间爆发了第一次不愉快的争执。

一天晚上，他又借口有事要出去，我却想让他留在宿舍里陪我。他来了牛脾气，装作听不见我的话，闷头推着自行车只顾走，我就拽住他的车子后座，死活不撒手。

他火了，大声质问我："王安祥，你能不能别老管着我？我就不能有我自己的空间吗？"

我扯着脖子回喊："不行，你是我男朋友，我不看着你看着谁啊？你为什么老躲着我，你是不是在外边有人了？"

他看着我，眼中全是厌烦和疲倦，冷冷地说："你有看着我和疑神疑鬼的工夫，不如去把你的外语继续学起来，让自己有点儿正事儿干，不是比什么都好吗？"

我耳边嗡的一声，就像有人用闷棍在我脑袋上重重敲了一记，其实他说的那段话并不算难听，用词也没多激烈，可不知为什么，我感觉自己一下子就清醒了。

自从莫名其妙地坠入情网后，我眼前就像被人蒙上了一块黑布，整个世界里除了守住他之外，再找不到其他的目标，甚至忘记了我自己是谁，可就在那一刻，那块黑布被撕掉了，我清清楚楚地看到了一个可悲、可怜又可恶的自己。

我怎么会变成现在这副样子？我的理想难道不是学日语、成为电视里那样出色的日文翻译吗？我难道不曾一遍遍地告诉自己，在这个世界上，没有什么东西是真正属于我的，只有学到的知识，才能永远陪在我身边、并让我变成更好的人。

我怎么能把这些理想和抱负统统忘了，任由自己丧失自我，堕落成一个只想将自己和男人捆在一起的附属品？

我默默地松开了拽住他车后座的手，目光炯炯地看着他，轻声说："听好了，这辈子我不会再看着你了，你走吧。"

他用很复杂的目光看了我一会儿，推起车子走了。我回到屋子里，翻出了被荒废了许久的日语书和半导体收音机。

从那以后，我付出比之前更多的心血，利用一切的业余时间刻苦地学日语。那是一段分不清黑夜和白昼的日子，我每天除了工作、吃饭和睡觉之外，都在学日语。

半年后，我考上了中华社大——一所全中国唯一没有围墙的大学。那时候，电视配件厂改建，职工宿舍拆掉了，我不能继续在宿舍里住了。

虽然我因为恋爱跟家里弄得很僵，但我和男朋友毕竟还没有结婚，不能明目张胆地和他住在一起，所以我只能硬着头皮回家，和家人和解。一家人原本就没有什么深仇大恨，我的家人重新接纳了我。

我家住在中关村的人民大学附近，我上班的工厂在宣武门，晚上我要去团结湖那里上中华社大的夜校课程，我每天的行动轨迹就是在北京城里画一个超大的三角形，从清晨出门到深夜归家，每天都过得像一只忙碌的蜜蜂。

我每天都感觉时间不够用，早晨天不亮就自动爬起来，一边洗脸刷牙一边读日语，夜里脑袋只要一沾到枕头立刻就能睡着。二十来岁正是爱玩儿的年龄，跟我年龄相仿的女孩子们，谈恋爱、唱歌跳舞、学琴学画，每个人都有自己的兴趣和爱好。而如今我回忆自己的童年和青春岁月，除了为爱而短暂失去理智的初恋之外，我几乎从来没有玩儿过，我所向前迈出的每一步路，无一不是拼尽了我的全部力量。

在西安的时候，我拼命地讲故事，给别人表演，用这样的方式让自己不再那么孤独，为自己赢得了舞台和观众；回到北京，我拼命补习功课，用这样的方式来证明自己不是傻子；参加工作后，我又拼命地自学日语，渴望能离开工厂，成为一名日文翻译，因为只有用这样的方式，才能让我不被世俗同化。

再往后的人生，我一直在拼命做事业，从一开始的日文导游，到做自然美，再到现在的安杰玛。哪怕是我生重病的时候，我都从来没有给自己放过长假。

我说过，我不是超人，我只是一个普通的女人，我也有累的时候，但我总是安慰自己，不要急，等你有一天躺下了，一觉睡过去就再也不会醒来之后，你再好好地休息，好好地睡……

有时候我会听到一些人用一种戏谑的口吻去评价那些成功的人，说他们有着得天独厚的条件，不用费什么力气就能做好一件事。其实不是这样的，没有什么东西是能不费力气就唾手可得的。世俗的人往往只能看见别人人前的那一面，殊不知那些能在某一个领域做出成绩的人，他们在别人看不见的时候，付出了数倍的努力，忍受了常人无法想象的艰辛，才换来了别人眼中的"毫不费力"。

熬过了每天在北京城内画大三角形的日子后，我又升入了第二外国语进修班。这是更高阶的日语课程，老师上课时讲的知识越来越深了，很多时候我都不能完全消化，所以我很希望能得到老师的课堂录音带，用来做课后的辅助练习。

为了一盘珍贵的录音带，很多家里有条件的同学，都私下里给老师送礼。可我手头太拮据了，工厂里每个月的工资，交完学费后仅能勉强填饱肚子，我根本没有多余的钱去给老师送礼。眼看着一起上课的同学们人人手里都有录音带了，只有我还没有，我心里很着急，这样下去，到了考试的时候，我肯定考不过别人。

刚好这时候我们工厂组织员工自愿献血，凡是参加献血的人都能得到 260 块钱的营养补贴费。尽管 260 元是笔可观的收入，但在 70 年代末，人们对于献血这件事还是很抵触的，觉得把血从身体里抽出去是一件对身体有伤害的事，最后，厂里只有我和几个家境比较困难的人参加了献血。

抽完血后，尽管我有点头晕，但还是咬着牙没有给自己买任何营养品，而是拿着这来之不易的"卖血"钱，去给日语老师买礼物，但是该买什么呢？想来想去，我想起老师有一个宝贝儿子，我就想，与其给老师买礼物，不如给她的儿子买点东西，于是我就买了一辆玩具小火车，剩下的钱又买了一兜水果。

敲开了老师家的门，老师还算客气地让我进了屋，不过当她看到我手里提着的东西时，脸色就变得不那么好看了，也没给我让座，而是招呼她儿子过来，说："冬冬，把妈妈从日本给你买回来的小火车拿出来给阿姨看看！"

老师的儿子美滋滋地拿出了他的小火车玩具，那是一架正版的托马斯小火车，不仅自带铁轨，火车头里面还有电池，放到铁轨上就能"呜呜"地跑，还能自动转弯。比较之下，我顿觉我买的小火车相形见绌，丢到垃圾桶里都占地方。

我手足无措地拎着我买的东西，不知道该怎么办才好。

"好了，你把东西搁在这儿吧，时候不早了，你回去吧。"老师随手指了个地方，我赶紧把礼物放下，然后失落地扭过身往外走，一脚跨出门槛的时候，老师叫住了我，用像打发叫花子的口吻对我到说，"你是为这个来的吧？难为你跑一趟，别空手回去，拿着吧。"

我接过录音带，感觉无地自容，面红耳赤地逃也似的离开了。

人生中第一次送礼的经历非常不愉快，但并没有挫伤我学习日语的积极性。而且，在我学习日语的道路上，大多数的老师都是非常优秀的，其中让我印象最深刻的是一名姓战的老师。

战老师是北京外经贸大学非常有名的日文教授，他曾经在日本生活过很长时间，所以对日文的理解非常深厚，每次听他的课，除了能获取到宝贵的知识外，还能受到日本文化和生活的熏陶。

不过，战老师的课非常抢手，学费也高得吓人。一开始，我十分犹豫，先抱着观摩的心情，旁听了两节他的课，没想到立即就喜欢上了他的授课风格，毫不犹豫地决定把下个月的饭钱减半，用来交学费。

可到了交学费的那天，负责招生的人却告知了一个令我大失所望的消息，那就是战老师有个很古怪的授课规矩——他不许他的班上有女生，只要他正式上课，就会毫不客气地把女生都撵走，交了的学费他也如数退还。原因也很匪夷所思，因为他觉得女生缺乏理性思维，难成大事，他不希望自己的学生为了一点鸡毛蒜皮的小事就半途而废，所以索性一开始就不收女生。

跟我一起去报名缴费的还有好多女生，年轻的女孩子脸皮都薄，一听见这话，大家就都害羞或生气地离开了。

我可不想走，因为我心里想的是，凭什么要撵我走啊？女生为什么就难成大事了？新中国都成立几十年了，一个堂堂的大学教授，怎么还保留着这么腐朽落后的封建思想？

我偏不走，不仅不走，我还要成为他班上成绩最好的学生，证明给他看，女生绝不比男生差！令我感觉欣慰的是，当时和我一样坚持留下的还有另外一个女生。

到了正式上课的那天，我早早就来到了教室。

一进教室我就发现，那个女生比我来得还早，但是她很低调地坐到了教室最后一排的角落里，显然是害怕引起战老师的注意。我可不管那么多，从小到大，我早就习惯了被人排挤和诋毁了，脸皮还是很厚的，我想了想，大大方方地坐在了教室的第一排、正对着老师讲台的座位上。

上课铃响了，战老师一进教室就看见了我，我则用挑衅的眼神看着他。其实，头天晚上，我暗暗准备了一宿，只要战老师开口发难要轰我们两个出去，我立即就能站起来跟他有理有据地理论一番！

然而接下来发生的事大大超乎我的预料，战老师看了我一会儿，居然扑哧一声笑起来，大步走到讲台上，再不看我一眼地说："好了，我们开始上课吧。"

我回头看了看最后一排的另一个女生，我们两个人的眼里皆是一片困惑，说好的驱逐仪式呢？说好的暴风雨呢？

一直到培训班结束，战老师都没有提要轰走女生的事，我和另一个女生都不明所以。直到毕业的那天，我才从战老师口中得知，其实他本来是想轰走我们两个的，但他一走进教室，就看见我用虎视眈眈的眼神看着他，他顿时心里一惊，直觉告诉他，这个女生很厉害，如果他敢轰她走，她一定会让他当众出丑……

不过，战老师一开始对我们两个并不好。上课的时候，他不时会用很不屑的眼神扫我们俩一下。另外那个女生被看一眼就不敢抬头了，我才不管他怎么看我呢，他看我我就看他，不仅如此，他走到哪儿我就炯炯有神地看到哪儿。我就像一棵向日葵，完全把战老师当成太阳，他说的每一句话我都一丝不苟地做笔记，一来二去，他也不瞪我了，反而会不时地看着我乐。

渐渐地，我发现战老师开始格外"关注"我了。上课的时候，他总是喜欢叫我站起来回答一些特别难的问题，我回答不出来，他就让我罚站；甚至有时候，明明是别的同学答错了问题，他却偏让我站起来罚站，而且一站就是一节课。

我也不害臊，他让我站着我就站着，我站着听课更加专注、认真，还积极做笔记和举手发言。班上的同学都觉得战老师看我不顺眼，总是找我茬儿，想让我自己知难而退。可我不这么觉得，我觉得战老师很喜欢我这样的学生，这就是他对待喜欢的学生的"特殊关照方式"。

不管是我本人过分乐观，还是战老师真的是在刻意培养我，总而言之，听战老师课的那段时间，我的日语听力和口语水平都得到了突飞猛进的提高。

但培训班进行到一半的时候，我突然接到通知，说要停一段时间的课。因为我只顾着学习，跟班上的同学都不太熟，所以无处去打听原因，直到培训班复课后，我才得知战老师因为看黄色录像被抓起来关了几个月！

这件事说起来非常可笑，在那个年代，民风是相当保守的，私下里聚众看黄色录像都属于"流氓行为"。那天，警察抓捕了几个聚众看日本黄色录像的人，本来根本没有战老师的事儿，但这几个人为了得到宽大处理，就把战老师给供出来了，他们说在警察来之前，有一个姓战的日语教授也来过，跟他们一起看了几分钟录像，于是警察就把战老师传去训话了。

战老师好歹也是位工作体面的大学教授，只要他说自己是无意中看了几眼，警察绝对不会刁难他，可他偏不，因为他曾经在日本生活过，在日本，黄色录像是合法的，成年人都可以看，怎么一到中国就变成流氓行为了呢？

战老师当场跟警察理论，这下彻底惹恼了警察，就算你是大学教授，也不能挑衅警察的权威啊！更别提他口口声声都觉得日本比中国开明，这话听在对日本有着不共戴天仇恨的中国人民耳中，简直就是汉奸行为。所以，警察直接对战老师执行了行政拘留，一关就是两个月。最后还是战老师的一个学生，通过家里的一些关系，才把战老师保了出来。

这件事充分体现出战老师的个性，他是一个有着反骨精神的人。也许他的言行是被周围的世界所不能接受的，甚至是有些激进的，但作为一个想要学习外国语言的学生来说，这样的老师才恰恰是最能给学生带来启迪和好的教育的人。战老师教的知识很灵活，没有那么多条条框框的束缚。而对于学习语言的人来说，从文化和背景上去了解一个国家是十分重要的。

闹出了这么大的丑闻，战老师一点儿都不介意，而是用一种很幽默的态度去化解，他回来给我们上的第一堂课，讲的第一个词是"仅仅只是"，他带头用这个词造句，说："不要说我做了什么黄色的事儿了，仅仅只是看了一眼黄色录像，就把我抓起来了。"

全班哄堂大笑，大家立即学会了"仅仅只是"这个词的用法。这就是战老师独特的教学风格，凡是通过他的嘴巴讲出的知识点，学生永远都能迅速吸收，并永远记忆犹新。

我想，当年的那班同学，并不是所有人日后都从事了和日语相关的工作，很多人可能早将日文荒废了，但大家一定都还记得"仅仅只是"的用法。一直到今天，我都感谢战老师，他不仅教给了我宝贵的知识，更教给了我如何用幽默的态度去面对人生中的磨难和考验。

在我的日文水平得到长足进步的同时，我在工厂里的境遇也发生了改变。

因为要同时兼顾着学习和工作，我十分珍惜每一秒钟的时间，在车间里，我时刻铭记着之前因为开小差而付出的"血的教训"，工作的时候我一丝不苟，总是能比别人提前完成任务，还积极主动地帮助进度落后的工友。只要一有时间，我就拿出随身携带的日文词典，嘀嘀咕咕地吟诵默背。

时间长了，所有人都看到了我的努力，工友们也知道了我不是在发神经，而是在学日语。渐渐地，没有人再在我背后议论我和流氓青年谈恋爱的事了，大家都放下了对我的成见。

到了学日语的后期，临近专业考试，课业负担越来越重，工友们给了我很大的帮助，那些平时受到我帮助的工友们，积极主动地来帮我干活，希望能让我提前完成任务去复习，最后连一向对我很严厉的班长都给了我特许，让我可以把当天没完成的零件带回家去做，这样我晚上就能少跑一趟工厂，多一点复习的时间。

我不断地努力，想要摆脱工厂，而我从来没有想到，居然是这些工友们充满善意的无私帮助，让我在日语学习的冲刺阶段，有了充足而宝贵的复习时间，让我最终能以优异的成绩考取了日语从业证书。

再后来，我实现了自己最初的理想——进入人民大会堂为国家领导人做日文翻译。回首过去，我可以自豪地说，我无愧自己吃过的那些苦。

从四岁开始，我的人生之路走得并不平顺，在西安的时候，姑姑家的口粮不够，仅有的一点粮食都要可着有工作的人吃，我永远都填不饱肚子，幸好街坊邻居和学校文艺队的老师和同学们都会主动接济我，将自己的口粮分给我吃。毫不夸张地说，我是一个吃百家饭长大的孩子。

我永远都不会忘记那些曾经帮助过我、照顾过我的人。

这些年来，我不论我人在哪里，都一直积极主动地和这些故人保持着联系，工厂里的好心工友们、西安的同学和老师们、北京市少年宫的学员和恩师们，只要我有空，就会挑大梁担当组织者，把大家都召集起来聚会，自掏腰包让大家在一起吃喝玩乐。

我也经常回西安，去看望当年的老街坊邻居，如果他们的生活遇到困难，我都会尽自己所能地帮忙。但我从来不会像一个土豪财主一样用钱打发人，我会设身处地地为他们做打算，并时刻提醒自己铭记着"授人以鱼，不如授人以渔"的道理。

我也从不炫耀自己的成绩，对于老朋友们，我只关心他们过得好不好，就像他们当年关心我一样。只要是我办的聚会，首先要明确几条规定：第一，大家不许谈工作和事业；第二，不许炫耀自己的成就；第三，大家聚在一起，只谈友谊，只谈过去，只谈吃喝玩乐。

友情是人世间最宝贵的情感之一，我希望老朋友们在一起是开心的，快乐的，和金钱和物质没有任何关系。亲情和爱情也是一样，真正的情感永远都是和金钱没有关系的。

四 / 巧斗日本人

还没从日语进修班毕业，我就提前拿到了日文翻译证书，可以出去找工作实习了。

当时和日文有关的实习工作有很多，比如在出版社做日文编辑、翻译日文图书，在大使馆接待日本客人，等等，但这些工作我都不喜欢，我希望能将日文和自己的特长更好地结合起来。

毫无疑问，我最大的特长就是说话。

我需要一份能够大量开口说日语的工作，最好让我每天都面对面地和日本人直接进行交流。想来想去，符合这些条件的工作只有一个——日文导游。

刚巧这时国旅在招收实习日文导游，我立即报名参加了。

一路过关斩将，我通过了数轮笔试，坚持到了最后一轮面试。负责对我进行考核的考官，是当时的国旅综合部部长，也是现如今的国家旅游局局长杨玉山。

面试之前，我的心情非常的忐忑，因为我听说国旅的面试非常严格，很多人进去之后紧张得一句话都说不出来，还有人因为害怕而当场昏厥。

但我正式面试那天，过程过超乎想象的顺利。当然，这绝不是因为我运气好，更不是因为我长得有多漂亮，而是得益于我从小积累的丰富演讲技能，还有临危不乱的舞台经验。

进入面试考场后，先是一番简单的日语对话，然后杨部长让我自由发挥，用日语介绍一下我心目中的北京。

即兴演讲，这是我从小参加各种演出和比赛时的拿手项目，现在不过是将演讲的语言从中文变成日文而已。而经历了数年刻苦而扎实的学习，我对自己的日语口语也非常有自信了。

几乎没有经过什么思考，我就从容地开口说了起来。北京是我出生的故乡，但我在四岁那年就被迫离开了它，在我十四岁重新回到北京时，我已经对我的故乡非常陌生了，这里有那么多拔地而起的高楼大厦，马路上有那么多汽车，我又用了那么多年的时间，才重新熟悉了这座城市，也重新接受了这个不完美但却从不放弃努力的自己。

其实，关于北京，我还有很多很多的话想说，然后杨玉山部长打断了我，他的脸上充满了感动，微笑着对我说："小姑娘，你说得非常好，国旅需要你这样的人才，你被录取了。"

我激动得泪光闪烁。

不过，杨部长接下来又告知我一个不太愉快的消息，那一年国旅没有正式的招工指标，我只能以编外人员的身份在国旅实习，基本工资待遇都和正式职工一样，只是不能享受分房等福利待遇。

我依然毫不犹豫地接受了这份实习工作。

就这样，我在上班的时候是电视配件五厂的一名流水线工人，周末和业余时间就到国旅实习，跟在有经验的导游身后，学习接待日本客人的方式和礼仪。

所有的付出都会得到相应的回报，我特别相信这个道理。

我天生是个特别乐观而且好动的个性，从小就爱唱爱跳，喜欢说话，喜欢表现自己；多年寄人篱下的生活磨去了我身上的棱角，也让我养成了特别善于察言观色的能力；独自照顾重病的姑姑的那些年，我又学会了如何跟陌生人打交道。从前，这些能力都是零散的，不成体系的，连我自己都没觉得这些能力有什么用。

一直到我进了国旅，我才终于将这些能力全部整合起来，口才、察言观色、和人打交道，这就是一名导游在日常工作中需要的最基本技能，这也让我在国旅的工作如鱼得水。

当时国内的日文导游还是很稀缺的资源，有时候日本客人太多，导游供不应求，大旅行社之间就会相互借调导游。

有一次，我被借调到新华，独自带一个三十多名日本游客的旅游团。

论日文能力和导游的经验，我都不是最出色和拔尖的，但我却把两者恰到好处地结合到了一起，我不仅能用日语绘声绘色地为日本游客介绍北京的风土人情，还能把大家的注意力都凝聚在一起，再加上我当时年轻又漂亮，说话做事都很麻利，晚上的宴会也张罗得特别圆满，日本游客都对我的服务赞不绝口。

新华的社长一下子就注意到了我，他没想到像我这么年轻的小姑娘能表现得这么好。把这团日本游客送走后，社长亲自约见了我，直言不讳地表示要挖角，希望我能到新华去，而且新华那一年有正式的招工指标，我不用实习，直接就能成为新华的正式员工。

我权衡了几天，接受了新华抛来的橄榄枝。

这样一来，我不能再两头兼顾了，必须将自己的档案从电视配件五厂调到新华，我终于要正式离开工厂了。

这时候，一直看我不顺眼的人事科科员又给我出了个难题，他不肯交出我的档案，理由是，五厂在我高中毕业后最艰难的时候，让我接了我妈妈的班，养活了我这么多年，如今翅膀硬了，说走就走，哪有这样的道理？

大家都知道人事科的科员是故意跟我过不去，但他说的话也让人挑不出毛病。我真是心急如焚，但脸上还是勉强地挂着笑，如履薄冰地跟他商量："只要能把我的档案放给我，您开什么条件都行。"

对方看了我半天，突然冒出一句："你给我们厂里拉一车西瓜吧。"

我目瞪口呆，我还以为他觉得我现在混得好了，执意要刁难我一番，不让我痛快，没想到他居然给我开了这么一个啼笑皆非的条件。

刚好电视配件五厂在大兴有一个厂房，经常有拉货的卡车在北京和大兴之间来回跑，我就掏腰包雇了一辆卡车，让司机从大兴拉回一车西瓜，分给厂里的领导和工友们。

第二天，西瓜拉来了，厂里的每一个人都很高兴地领了一个西瓜，我的档案也顺利地从厂里放出来，调到了新华旅行社。

那时候我真是意气风发，心中充满了时来运转的感觉。

然而让我万万没想到的是，在新华工作的第一个月，我就碰到了一颗大钉子，险些中断了我的日文导游生涯。

刚进新华的导游，只能接待一些零散的小团，有油水的大团肯定轮不到新人。但即便是带只有一个人的"团"，我也充满了干劲儿。

有一天早晨，我没有接到团，正坐在办公室里看日语书，我们领导突然急匆匆地冲进来对我说："我临时有急事，手里有一个团来不及接待了，你替我去吧！"

我立马紧张起来，要知道，领导手上的团肯定都是大团，而且还不是普通的大团，我假装镇定地问领导："什么团啊？"

"是一个日本退休议会议员的团，一共29个人。"领导用很轻松的语气回答。

我忍不住吞了口口水，就算是退休的议会议员，那也都是在日本有头有脸的人物，而且还有 29 个人，这可是贵宾级的大团啊！虽然我一直渴望着能独自带大团，但这个团的规格还是超出我的想象了。我的心跳不自觉地加快了，不确定地问领导："我能行吗？"

"不行也得行，今天除了你没有其他导游在家了，"领导用力拍拍我的肩膀说，"你别紧张，你一直以来的表现都很好，我对你很有自信。另外，日本客人喜欢像你这样年轻漂亮的小姑娘，他们不会为难你的。"

领导显然是真的有急事儿，嘱咐了我几句就走了。

事到临头，我没有说不的权利，而且刚入职就能带到这么大的团，这对我来说既是挑战也是机遇，好胜心很快就让我忘了紧张。

二十出头的时候，我年轻又气盛，天塌下来都不害怕，那时我的座右铭之一就是"方法总比困难多"。我相信自己肯定能把这个团带好。于是，我找出自己最漂亮的衣服，穿戴整齐，充满斗志地上阵了。

领导已经做好了前期的接待工作，我赶到的时候，29 名退休的日本议会议员都安静地坐在旅游巴士等着我。接下来的两天，我只需要带着他们在北京城里游玩，用日语给他们进行讲解，就可以完成任务了。

"各位贵宾你们好，欢迎你们来到北京，接下来的两天，将由我负责为大家进行全程的导游和讲解……"一上车，我就用流利的日语、热情洋溢地跟日本议员们打了招呼。

这套打招呼的方式我练习过很多遍，说得非常棒。车里原本有点沉寂的气氛一下子被我炒热了。日本客人纷纷夸我可爱。

我受到鼓舞，继续说："我先自我介绍一下，我是一个土生土长的北京人，对北京的风土人情非常熟悉……"

没想到，一听我说自己是中国人，车里瞬间安静下来了，气氛突然变得怪怪的，有几个日本议员还发出不屑的嘘声，轻声嘀咕："还以为是个日本人，原来是中国人啊。"

我心里不禁有点儿不是滋味，觉得这些日本议员似乎不太喜欢中国人，但他们毕竟在日本都是有头有脸的人，我和他们又不熟，不能这么快就评断人家，我想，只要我接下来给他们提供优质的服务，他们会感受到中国对他们的友好和热情的。

于是我当作没听见他们的嘘声，微笑着让司机师傅开车了。

车子很快开到了长安街上，按照导游流程，我开始给日本游客介绍道路两边的建筑：人民历史博物馆、人民大会堂、天安门、故宫、新华门……

介绍完一系列的建筑物后，我自豪地总结道："大家刚刚看到的这一片宏伟的十大建筑，都是我们国家在一年的时间内建造起来的……"

话音落下，车内又传出一阵嘘声，日本议员们的脸上充满了不屑，毫不顾忌地用日文议论道：

"这么大的国家，一年造十栋大楼有什么可炫耀的……"

这些话语非常刺耳，我很想和他们辩解两句，但话到嘴边，我又想起了自己和他们的身份，我是新华的一名日文导游，他们则是远道而来的贵宾，我的工作是为他们提供良好的服务，展现我泱泱中华的气度和风范。

想到这些，我把心里的火压了下去，继续面带笑容地给他们做解说。接下来我说道："我们国家的人民生活水平提高了，每家每户都有一台电视机。"

日本议员们更加肆无忌惮了，七嘴八舌地大声戏谑起来：

"我们大日本帝国，每一家都有好几台电视机呢，你们才一台，有什么可吹牛的？"

"中国的电视机都是从日本进口的吧？哈哈哈……"

"中国人真是太可悲了！"

这时，路口的红灯亮起，旅游巴士停了下来，马路两旁也停了乌泱泱的几十辆自行车，这是那个年代北京城的一大特色。我赶紧给日本议员们介绍道："大家看，我们中国是自行车的王国，我们……"

没等我说完，几个日本议员直接跳了起来，放肆地对我嘻笑道：

"你们是自行车王国有什么的？我们日本都是汽车王国了！"

"我们日本人家家都有汽车！"

……

听着日本议员们你一言、我一语毫不留情的奚落，我脸上的笑容再也挂不住了，一股热血直往脑门儿上冲，面色一下子涨得通红。

这些日本议员真是欺人太甚了，不论我介绍中国的什么，他们的回应都是不屑的、否定的、批判的，而且他们的眼神和语气丝毫不加修饰，分明是赤裸裸地嫌弃中国的贫穷，觉得中国人是下等人，中国的一切都比不上他们大日本帝国。

按照旅行社的接待规矩，遇到这样的外宾，接待人员应该耐心而微笑地跟对方说："我们中国还是发展中国家，很多地方还不够先进和现代化，但我们会不断努力的。"

但当时我就是不想这样低三下四地说话，我凭什么要跟日本人卑躬屈膝？你们看不起中国，我还不乐意伺候你们呢！

"停车！"我突然扭头朝司机师傅大喊一声，"张师傅，回酒店！"

正在专注开车的张师傅吓了一跳，还以为发生了什么意外状况，赶紧找个路口靠边停下车子，一脸惶惑地问我："怎么啦？"

整车的日本议员们也安静下来，用诧异的眼神看着我。

等车子停稳了，我深吸一口气，拿起麦克风，一字一顿地说："抱歉，各位，谁都可以说中国落后，唯独你们没有权利说我们中国不好！我只为中日友好人士提供服务！在座的各位，我感受不到你们对中国的友好，所以我的服务到此结束了。"

我停了两秒，接着说："现在，我送各位回酒店，中午你们将在酒店用餐，今天的旅游行程就到这里为止。这是我们旅行社的投诉电话，这是报警电话。如果你们对我的服务有什么意见和不满，欢迎你们投诉。"

旅游巴士从长安街开回了酒店，一路上，再没有人说话，日本议员们不嘲笑中国了，也不炫耀日本了。他们都安安静静地坐在座位上，不时小心翼翼地斜视我一眼，我再也不搭理他们。

开车的张师傅有点担心，小声问我："小王，你这样做不怕闹出事儿吗？我知道，日本人有时候说话不太礼貌，我们社里的其他导游也都受过气，但若是为了这事儿把饭碗丢了，那就太不值得了！"

"张师傅，你不用担心，我心里有数，"我语气镇定地说，"如果出了事儿，你就把责任全都推到我身上，我一个人扛，不会拖累你。"

然后，我有些虚脱地靠在车门上，不再说话了。刚才跟日本议员们慷慨激昂的时候，我脑中只有一腔爱国的热忱和不忿，但随着情绪的慢慢平息，说老实话，我开始有点害怕了。

我苦读了那么多年，才终于有了新旅的这份工作，没想到第一次独自带日本大团，就闹出这么大的状况。如果真的被旅行社开除了，我以后是不是再也不能从事日文导游工作了？我的脑子里不受控制地胡思乱想着：待会儿巴士回到旅行社后，会不会有警察来把我抓走啊？理由是我对日本贵宾不礼貌，妨碍了中日友好，我会不会因此就英勇"就义"了……

带着不断滋长的不安心情，旅游巴士开回了酒店，车子停稳后，我先站起来，做了一个礼貌的手势，对日本议员们说："请各位下车吧。"

令我没想到的是，所有的日本议员都静默地坐在座位上，没有一个人站起来下车。我脸上没什么表情，心里却早已乱成一团麻，他们这是什么意思，是在跟我静坐抗议吗？

就在我心里七上八下的时候，日本议员团的领队站起来，走到我面前，毕恭毕敬地对我鞠了一躬，一脸严肃地用有些生涩的汉语对我说："真的很抱歉，我们没有看不起中国的意思。"

原来这些日本人是要用这种方式跟我表达歉意，我心里暗暗松了一口气，但我并不觉得一句道歉就能化解他们对中国的那些诋毁，所以我咬紧牙关没有松口，坚持地又重复了一遍刚才的话说："请你们下车，我帮你们安排午餐，十二点准备开饭。"

领队回到车厢内，和日本议员们低声商量了一会儿，然后，议员们纷纷神情肃穆地站起身来，一个接着一个规规矩矩地走下车。我站在车门口，他们每一个人经过我的时候，都客气地对我哈腰鞠躬，郑重地用日语说一声："非常对不起。"

等议员们都下了车，司机张师傅才敢过来问我，到底发生了什么事儿，他听不懂日语，只知道我好像和日本客人发生了不愉快。我这才把事情的来龙去脉给他说了一遍。张师傅听完也特别气愤，但他毕竟是有家庭负累的人，遇事不像我这么不计后果。万一日本议员们跟旅行社投诉，我们两个都吃不了兜着走。

我看着担惊受怕的张师傅，有点愧疚地安慰他说："这件事是日本人错在先，如果闹大了，对他们也没什么好处。张师傅你放心，我猜这些日本人不敢投诉我们。"

接下来，我强忍着心中的不安，尽职尽责地安排了议员团的午餐。午餐时间很快到了，饭菜已经上桌，我照例要去餐厅里关照一下客人。可我到了餐厅的时候却发现，29名议员整整齐齐地坐了三大桌，面对着桌上丰盛的菜肴，他们没有一个人动筷子，而是全都一个个神情庄严地看着我。

这时我的气早就消了一大半，心想他们折腾了一上午，肯定也饿了，就奇怪地问他们："你们怎么不吃啊？"

领队站起来了，一脸诚恳地对我说："王小姐，如果你不原谅我们，我们就不能吃。"

我看看领队和议员们，这些在日本有头有脸的人，此时此刻脸上都写着真诚和愧疚，此情此景，我若是再板着脸赌气，就显得我太小家子气了，不动声色地说："过去的事儿就让它过去吧，请各位赶紧吃饭吧，吃完饭我给你们安排下午的行程。"

一听我这样说，三桌日本人呼啦一下子全都站起来了，用抑扬顿挫的日语齐声对我说道："非常感谢您原谅了我们！中日友好万岁！"

那场面就像一群小学生集体罚站并朗诵道歉词似的，一下子就把我逗笑了。

日本议员们得到我的谅解后，很轻松而愉快地享用了午饭。

按照原计划，这一天我们的行程是去爬长城，但因为耽搁了一上午，当天来不及往返长城了，于是我和领队商量了一下，决定把下午的行程改为市内观光。

一来是带着点儿愧疚，二来是希望能多向这些日本议员展现一下古老的北京城的文化底蕴和泱泱中华的文明历史，下午我解说得非常卖力，日本游客也听得十分认真和投入，不时提出各种问题，巴士内一直充满了友好和活跃的气氛。

到了傍晚返回酒店的时候，我和日本议员们已经化干戈为玉帛，相处得很好了。这个时候，领队突然对我说："王小姐，很感谢您今天的服务。不过，我们还有一个请求，希望您能满足我们。"

"什么请求？"我好奇地问。

"我们希望明天能去长城。"领队说。

我为难地摇摇头说："恐怕没办法，因为你们明天下午就要乘飞机回日本了，时间上来不及。"

"我们可以起早出发，多早都行，哪怕今天晚上不睡觉都可以，"领队态度坚定地说，"不论什么情况，我们都希望能去看看万里长城。"

很多外国游客到了北京都一定要去爬万里长城，因为他们都听说过"不到长城非好汉"这句话。我以为这些日本议员们也是出于这个原因才特别想去长城的，再说，长城是中华历史和文化的重要符号，也是炎黄子孙的骄傲，既然日本客人这么虔诚地想要去瞻仰，我觉得自己应该尽力满足他们的心愿。

于是我跟张师傅商量了一下，问他能不能辛苦一点，明天起早出发去长城，赶在下午四点钟前将议员们送到首都机场。张师傅想都没想就说："行，人家没因为上午的事儿投诉咱俩，咱俩就够偷着乐的了，必须满足人家的心愿！"

当我将明天起早去长城的消息告诉议员们后，他们表现出令人难以置信的兴奋，全团的人都感激不已地给我鞠躬，谢谢我能满足他们的心愿。

对于这件事，我并没有想太多，因为这一整天我累坏了，再加上第二天还要起早，所以我安排他们入住之后，就赶紧回去休息了。

第二天一早，天还没亮，29名议员就全部在酒店楼下集合了，他们的行李全都收拾完毕，穿戴得也都是正装革履，十分整齐正式，因为我们下午将直接从长城把他们送到首都机场。我心里还暗暗地想，日本人真逗，回国的时候居然要打扮得这么正式。

不到早晨五点，旅游巴士已经驶出了北京城，车内一片寂静，我坐在第一排，正昏昏欲睡地打算抓紧时间睡一会儿，这时，一位议员老太太从座位上站起来，在颠簸的车厢内颤巍巍地走到我身边，轻轻拍了拍我的肩膀。

我赶紧站起来，她的站姿是面向车厢的，这样我们两个就都面朝着全车乘客站着了，我深吸了一口气，驱散掉睡意，礼貌地问她："请问您有什么需要我帮助的吗？"

老太太的穿着很优雅，语气柔和地看着我说："王小姐，战争让贵国的人民受到了巨大的创伤，对此我们深表歉意。但是你知道吗？我们日本的人民，其实也是战争的受害者，我们也是被迫参加战争的，我们也因此失去了很多亲人，我们也痛恨战争，你能理解我们吗？"

我一愣，脑中的第一反应是，她是在针对昨天的事儿跟我道歉，要么就是想要跟我算账，于是我赶紧说："我能理解，能理解，昨天的事儿都已经过去了，我们不要再提了。"

老太太摇摇头，眼中涌上一抹忧伤，语气也有些沉重起来，说："我不是那个意思。我是想跟你说，我们这些人的家里，都曾经有亲人在那场战争中，死在长城的脚下，我们的父母曾告诉我们，在我们的有生之年，一定要来一趟长城，替他们祭拜一下在战争中罹难的兄弟姐妹。"

我一下子精神过来了，心说坏了，原来这些日本人不是要去观摩名胜古迹，而是要去长城上纪念他们死去的亲人。

那些亡者对于他们来说是亲人，对于我们中国人来说，却是十恶不赦的战犯啊！连日本人在靖国神社参拜，都令中国人感到无比愤慨，现在这 29 名议员居然要来我们的长城上参拜战犯，这简直是在跟中国人挑战！我警觉地问她："你们打算怎么祭拜？"

"我们想到长城上烧一点纸钱，再焚几炷香。"老太太回答。

"不行，长城上没有纸，也没有香。"我立马用日语回应她，其实我的意思是，长城上严禁焚烧明火，但我一心急就没表达清楚。

整车的日本议员居然掏出许多捆好的纸钱和香，老太太一本正经地对我说："没关系，没关系，我们自己从日本带来了纸钱和香。"

我当时只觉得两只耳朵都在嗡嗡作响，我本想再明确地告诉他们，长城上严禁烟火，但我转念一想，我们今天是起早去长城，长城脚下负责安检的人都还没上班儿呢，等于现在根本没人检查游客是否随身携带易燃物品，所以，就算我明白地告诉他们禁火，这些固执的日本议员肯定也会想方设法地把烟火偷偷携带进去，说不定还会责怪我大惊小怪。

昨天我已经对议员们表现得很激烈了，如果今天为了他们要祭祀祖先的事儿，我再义正辞严地翻脸，恐怕真的要酿成危及中日友好的事件了，所以我绝对不能冲动，一定要妥善地化解这件事，而且必须尽快想到办法。

在整车日本议员们探询和疑惑的注视下，我的脑袋飞速地运转，虽然我对自己的能力充满自信，但我毕竟还只是个二十岁出头的小姑娘，这一车日本人可都是混了一辈子政坛的老江湖，如果我想要小聪明，肯定瞒不过他们的眼睛，该怎么处理这件事呢？

突然间，我想到了外交辞令中的一个准则——尽可能地不直接去跟客人说不，但你可以用肯定陈述加否定疑问的方式，让对方自己说出"不"字，比如：你要去参加一场宴会，不方便带对方出席，那么你不应该说"你不要跟我一起去宴会"，而应该说"我要去这个宴会，你不去吧？"

想到这儿，我抬起头，镇定自若地对满车的日本议员说："可以，你们去吧，去长城上烧纸吧。"

我成功地把球踢回到了日本议员们的脚下，他们也许没有把问题想得那么严重，但肯定也没想到我这么痛快就答应了他们的请求。议员老太太更是难以置信地问我："我们还以为你会阻拦我们去祭拜呢，为此我们还准备了很多劝说你的说辞，啊，你真是太令我们意外了。"

"我怎么会阻拦你们呢？你们也是战争的受害者，我说了，我非常理解你们的心情，"我见议员们的情绪都放松下来了，便故作深沉地叹了一口气，用低沉的语气说，"不过呢，我也希望你们能理解长城脚下的当地老百姓的心情。"

议员们疑惑地问我："当地老百姓是什么心情？"

"在战争中，当地的老百姓都失去过亲人，而且他们的亲人都是被你们的亲人打死的，"我用平静的目光一一扫视着议员们，轻声说，"现在，你们去他们世世代代生活的土地上，祭拜杀害了他们亲人的人，你们觉得他们会是什么心情？"

议员老太太紧张地问我："那些老百姓会对我们做什么吗？"

我淡淡地看了老太太一眼，莞尔一笑说："他们可能会有过激行为，就像当年你们的亲人打死他们的亲人一样。不过没关系，反正你们会理解他们的，是不是？"

巴士车内鸦雀无声，议员老太太忍不住吞了吞口水，尴尬地说："是，是，我们理解当地老百姓，可是，那我们该怎么做才好呢？"

"最好的办法，就是不要做，"我用很慢的语速回答他们，"当然了，你们可以祭拜，但是看一眼就可以了，烧纸就免了吧，而且你们也不要开口说话，更不要哭，千万别让当地老百姓听出你们是日本人，如果有人多看你们两眼，咱们就得赶紧离开，否则别说你们会被打死，我们这整辆车恐怕都出不来了。"

29 名议员你看看我，我看看你，最终接受了我的提议。

到了长城后，他们规规矩矩地下了车，静默地瞻仰，安静地鞠躬，一个个果然一声都不敢吱，有几个老人家眼中噙着热泪，但也咬牙忍住了，没有哭出声，鞠完躬，他们像背后有洪水猛兽似的，慌慌张张地上车离开了。

当天下午四点，我和张师傅顺利地把 29 名日本议员送上飞机。临走前，他们都纷纷对我这两天的服务表达感谢，尤其感谢我在长城祭祀中给予他们的提醒，让他们没有在中国的土地上铸成大错。

送走了日本议员，我不禁扑哧一声笑出来，其实我不让他们在长城上哭和说话，那都是吓唬他们的，没想到他们居然当了真，但我并不后悔，也不觉得自己骗了人，是不光彩的。虽然后来我和这些议员们相处得还算愉快，但他们一开始对我的态度以及对中国的不屑，还是给我留下了难以磨灭的印象。

乃至于我后来做了多年的日文翻译和导游，始终没能扭转对日本人不太好的印象。我并不是很喜欢日本。当然了，我并不是一个偏激的民族主义者，只是在多年的导游职业生涯中，我接触了太多的日本人，从而发现这是一个内心充满了压抑的民族。

深重的压抑就会导致行为的极端，他们要么对你凶得像只恶狼，要么就对你温驯得像只绵羊；如果他们瞧不起你，他们就会把你从皮肤到骨头都否定得一塌糊涂，如果他们喜欢你，就会对你好到极致；他们要么极端地爱干净，要么极端地讲礼貌，要么就歇斯底里地疯狂，永远不能安静下来。

但不管我内心深处对日本人的行为有什么看法，只要是交到我手中的日本旅游团，我都会用心地服务，对待客人也是十分礼貌和得体的。

我接团有两个原则，那就是绝对不在日本人面前哭穷，更绝不为了讨好日本人而为难自己人，这是我在从事日文导游那些年里最有名的两个特点。连很多司机大哥都对我竖起大拇指，说王安祥这个小姑娘和别的导游不一样，特别酷。

有一次，一个日本团的行程结束了，临回国的前一天晚上，日本客人照例会给导游留一些纪念品和礼物，前面的日本客人态度都很客气，把礼物都放在一堆，还对我说些感谢的话。只有一个客人很无礼，当着所有人的面，他非常不讲究地把穿在身上的外衣脱下来，随手往礼物堆里一丢，并嬉皮笑脸地对他的日本同伴说："把这个给他们吧。"

他的那副嘴脸，毫不掩饰地表达出他龌龊的内心潜台词：给这些中国的穷人东西，不用那么讲究，我们穿脏穿旧的东西，他们都会当成宝贝。

我当即把他的衣服抓起来，丢到旁边的垃圾桶里，用同样轻蔑而讥诮的口吻说："这是垃圾吧？丢到垃圾桶里。"

他完全想不到我的反应会这么快，整个人都僵在原地，更令他感到尴尬的是，他的同伴也对他的行为非常不耻，没有人帮他说一句话，他只能悻悻地退到一旁。

类似这样的事儿，在我的导游生涯里屡见不鲜，我从来不怕让客人感到难堪，只要日本人做出不礼貌的事，我立即第一时间给予回击；我也从来不给日本人鞠躬，大家都知道，日本人是很喜欢鞠躬的，动不动就嘴里"嗨嗨嗨"地跟人点头哈腰。我从来不回应他们，不是我没有规矩和礼数，我有我的礼数，我是中国人，中国人没有见人就点头哈腰的风俗，我的礼貌是给客人提供优质的服务，让他们能尽量多地理解中国的历史和文化，在中国经历一次有意义又有收获的旅行。

可说来也奇怪，我这么"不讲礼数"的泼辣性格，却从来没有收到过任何一次投诉。不仅如此，不论是客人的礼物还是小费，其他的导游也从来没有我收到的多。

由此，我总结出一个经验，只要你尽职尽责、尽心尽力地完成本职工作，这就够了，你没有必要对任何人卑躬屈膝，你也必须第一时间去反击那些无礼的人，坚决捍卫自己的原则。因为凡是需要用讨好和献媚去换取的东西，都是不值得拥有的，也是一个有尊严的人不屑去争取的。

第三章　美丽的约定

一 / 奈何情深

做日文翻译和导游的那段日子，我一不讨好日本人，二对身边的人仗义，用大家的说法，我是一个特别酷的人，甚至有些司机大哥直接管我叫"爷们儿"，用现在的流行说法，我可能就是那个年代的"女汉子"吧。

后来有一次，外交部的黄华部长在人民大会堂接见一名日本武官，我有幸得到了为他做日文翻译的工作。

在日语中，"日本"有两种说法：一种是普通的说法，就是"日本"，另一种是带有一种极端自我膨胀和优越感的说法，叫"大日本"。结果，这名日本武官每次提到日本，都趾高气扬地使用了"大日本"这个词，这在外交辞令中，是对对方极大的不尊重。

可是，在翻译成中文后，"大日本"和"日本"这两个词很难体现出明显的差异，所以我越翻译越难受。换成其他的翻译人员，或许只能选择隐忍，可我忍不了。

我无法在翻译过程中把这两个词的差别讲明，所以我就直接去纠正他，每当他说出"大日本"这个词的时候，我就在一旁用不大不小、刚好能让他听到的声音纠正道："日本。"

一次两次，他还选择性地无视我，但到了三次四次，他就开始用反感的眼神瞪我了。我丝毫不退让，用不卑不亢的目光回应他，等到了五次六次的时候，他说完"大日本"，就警觉地主动看我，我直视着他，毫不畏惧地继续纠正他："日本。"

到了七次八次，他不再说"大日本"了，而是乖乖地使用了"日本"这个词。

我是个很爱国的人，直到今天都是如此，谁要是说中国不好，我肯定第一个站起来反驳，比如有人说中国生物领域发展得不如外国，我就不爱听，凭什么长别人士气灭自己威风？我们中国怎么就不如别人了？只要我们肯下功夫，一定不会比外国人差。

成为一名日文导游，是我靠着自己的努力和汗水得来的第一份事业，虽然在多年的导游生涯中，我内心深处积累了越来越多的对日本的反感情绪，但我不会将这些情绪带到工作中。

几年下来，我成为了新旅最炙手可热的日文导游，只要我出团，身后永远会有一群人追着我，有卖东西的、有酒店的、有餐厅的，司机师傅也抢着跟我合作，我不敢说自己的人缘有多好，但人人都愿意跟我在一起共事。

说起来，我真的是一个特别喜欢赚钱的人，但我绝不是一个把钱看得多重的人，我热爱的是赚钱这件事，而不是钱本身。我不贪心，不管谁遇到困难，我都乐于慷慨解囊，我带团得到的礼物，也从不自己私藏，都会大方地跟身边的人分享。跟我合作过的人都知道，只要我有的东西，身边的人也都会有。

自从一脚迈入社会，我的大部分时间和精力都交给了工作和事业，很少有属于自己的时间，更没有什么特殊的个人爱好。我天生皮肤过敏，所以很少用化妆品；穿衣服也很随意，对名牌和奢侈品完全没有欲望；抽烟不会，喝酒也不爱。我常常自嘲地说，我是个没有情趣的女人。如果硬要说我有什么爱好，那大概就是吃吧。我特别喜欢吃肉，不管我在外面赚了多少钱，回到家后能给我带来最大幸福感的东西，就是一盘卤得香喷喷的猪肘子。

不过，前几年生了重病之后，我接受了自然疗法，改善了自己的饮食习惯，如今我吃得特别清淡，水也只喝从高山上运回来的泉水，所以我连吃肉的爱好也没有了。

做日文翻译和导游的那些年，令我收入不薄，但这份工作实在是个苦差事，东奔西跑，忙起来几天几夜都没法合眼，不管赚多少钱，我永远没时间花，我也没有时间去银行存起来，怕被小偷光顾，我就把钱埋在门口的煤堆里。

有一天，我带团结束回家，在胡同口捡到一棵菠菜，没走几步，又捡到一棵，就这样，我一路走一路捡菠菜，一直捡到我家门口。至今我也不知道是谁把菠菜丢在地上的，我只是觉得，那些年我的财运简直是太好了，连走路都能捡到"一波（菠）又一波（菠）的财（菜）"。

就这样没日没夜地带了五六年的旅游团，我的身心终于开始出现了疲态。而且这时候，我和我先生也已经结婚很多年了，我们俩的年纪都不小了，和我同龄的女人，膝下都有儿有女了。

也许是出自女人的天性，也许是潜意识里对导游工作的厌倦，我越来越渴望能有一个自己的孩子，希望自己能成为一个母亲，去诠释一个新的人生角色。

带着这样强烈的愿望，我很顺利地怀孕了，怀孕初期我依然坚持出团、带团，日本客人也始终络绎不绝。不过到了怀孕三个月的时候，我真的再也没法继续出去工作了，因为我的妊娠反应太强烈了，每天都吐得稀里哗啦，这种症状到怀孕后期有些许的好转，但还是会时不时地呕吐，怀孕之前我的体重有一百三四十斤，到分娩前，我吐得只剩下一百二十多斤了。

就这样，我正式离开了日文翻译的岗位，也辞去了新旅的工作，打算一心一意地在家养胎。

可惜，我大概天生就是操劳的命，在家赋闲了没几天，我就待不住了。当时我和我先生还住在平房里，那是我公婆家院子里的一间小屋，屋子总共不到 6 平方米，比现在的一间厕所还小。当年我们结婚后，我和我先生自己在屋外的空地上加盖了 3 平方米，充当厨房，屋子里仅能放一张双人床。

从结婚到我从新旅辞职，那些年我和我先生就住在这个 9 平方米不到的小屋里，生活条件非常的简陋。我公公说屋子太小了又不透风，怕点炉子呛到我们，所以我们睡觉的屋子里连炉子都没有，一到了冬天，我和我先生就像睡在冰窖里一样，每天晚上都要冻醒好几回，早晨起来，放在屋子里的尿盆都结冰了。

我先生家里并不富裕，刚结婚的时候，我赚的钱都用来学日语了，我先生花钱也没什么算计，我们两个总是过着入不敷出的生活，所以我婆婆对我多有怨言，觉得我不会过日子，但善良的公婆还是默默的支持着我。

有工作的时候，我是没有精力去关注我的物质生活的，更不会去计较居住环境的简陋。每天晚上我带完团回到家，身体都累得像散开了似的，不管屋子有多小多冷，那都是我最温馨的家，头一沾到枕头，我立马就能安心地进入梦乡。

那些年虽然艰难，但我和我先生两个人的感情是很好的。进入新旅后，我整天在外面奔波，我先生就负责守着家。我赚到钱了，我们俩就买一只烧鸡，第一顿吃肉，第二顿啃骨头，第三吨煲鸡汤，虽然不富裕，但过得特别幸福，我觉得日子美极了，就算每顿饭都看不到油星，恨不得把盘子都舔了，我都甘之如饴。

一直到我怀孕了，终于可以整天待在家里了，我才意识到自己的居住环境有多辛酸。我心里暗暗想，我绝不能把我的孩子生在这样的屋子里，更不能让他跟我一样冬天受冻、夏天被蚊子咬，我要搬进楼房里！

我怀孕是在 80 年代末，那时候的人都很穷，能有个属于自己的窝就已经很知足了，根本没有倒腾房产的意识，就算是家里比较有钱的人，也没有多买几套房子的概念，因为国内还没有房屋中介的概念，甚至不能随便买卖房子，只能去换房站去换房子，用手头现有的住房，再添点钱，换一套相对更好的房子。

一开始，我也只是怀着把自己这些年赚来的钱派上用场、用现有住房换到楼房的想法，而来到房管站。

因为我对换房子一无所知，所以我不急着下手，而是先耐心地学习和观察。

我每天就像上班一样，一大早就挺着大肚子来到房管站，在一旁看别人调换房子。没几天的工夫，我就把房屋调换的流程都摸清了，不仅如此，我还看透了这里面潜藏的巨大商机。我想这就是我的天赋，不论在哪一个行业里，我都能迅速摸清它的运转规律，找到别人没发现的商机。很快我就意识到，我能利用换房的规律赚到钱。

于是，1988 年，在大多数中国人刚刚脱离贫困、有一间属于自己的小屋就已经知足了的时候，我开始倒腾起房产了。

最初，我先尝试性地添了 8000 块钱，把我现有的小屋换到了菜市口的两间平房，然后又添了几千块，把两间平房换成了楼房，紧接着又换成大三居楼房，随后，我又反过来换，把大三居换成两套两居室楼房。

当时，放眼整个北京城，根本没有像我这样折腾房子、玩儿房地产的人，因为几乎没人能看到这里面的商机，就算看到了商机，也未必会选对房子。我很幸运，既能把握商机，也有充裕的时间去到处寻找合适的房源。几个月的时间，我不断地以房换房，顺利把自己手里的现金全都变成了房产。到我生孩子的时候，手里已经拥有了七八套房屋，生完孩子没多久，我就把孩子交给婆婆，自己又跑出去继续倒腾房屋了。

身为第一个吃螃蟹的人，我自己乐在其中，但周围的人一定都觉得我疯了。我不管别人怎么看我，我决定要做的每一件事，都一定要尽我所能地做到尽善尽美。

而且事实充分验证了我的判断是准确的，因为没过多少年，房地产就成了中国最火热、最赚钱的行业。当所有的国人都在疯狂挤进房产中心，想要靠炒房子来赚一桶金的时候，我已经功成身退了。我手里拥有大把的房产，而且都位于北京城里最热门、最昂贵的地段。其实做任何事情都是如此，当所有人都意识到它的价值的时候，它的价值已经荡然无存了。

后来，我手里的房子日益水涨船高，无数人捧着大量的现金要来买我的房子，房价一番再翻，但我很少卖房子，即便是我很缺钱的时候，也只是挑选几套我并不是很满意的房子出售，即便这样，依然能赚得盆满钵满。

或许世间的事总是逃不过此消彼长的规律，当我的身家不断增长的时候，我和我先生之间的感情却变淡了。我们两个的共同语言越来越少了。我整天泡在房管站里，一开始我先生还会在家做好饭等着我，左等右等我也不回家，后来他就没有耐心等了，我不回家，他就跑去公园跟人下棋，即便我回到家，他也总是对我不冷不热的，有时候还会阴阳怪气地对我说："哟，大忙人回来了。"

他对于一个女人整天不着家，每日每夜往外面跑的行为，充满了复杂的心情。他当然知道我没有到外面胡来，但身为一个男人，没有能力把自己的妻子留在家里，反而要让她抛头露面出去打拼，他的内心是压抑的，他的自尊又不允许他示弱，所以他对我越发的疏远了。

在买卖房产的时候，我手里必须有大量用于周转的现金，有一天晚上，我拖着一大包钱气喘吁吁地回家，我先生把门打开之后，我让他帮我把包拖进屋。他警觉地问我："这里装的是什么？"

"是钱。"我小声告诉他。

没想到他当场就火了，暴跳如雷地跟我吼道："你别把这些钱往家里拿，我警告你王安祥，天黑之后你就把这些钱拿出去扔到河里！"

"为什么要扔掉？"我不理解地问他，"这是我辛辛苦苦赚回来的钱，又不是偷的抢的。"

"我不管！"他歇斯底里地咆哮道，"我就是讨厌你往家里拿钱，我视金钱为粪土！"

"你有病吧！"我无法理解地看着他，那一刻，我也终于意识到，在我日复一日的奔忙中，我和我最亲密的爱人居然不知不觉中变得如此陌生了。

很多年后，我有一次跟朋友聊天的时候，忍不住开玩笑地说，我和我先生离婚的最重要原因就是我太会赚钱了。虽然我的每一分钱都赚得不容易，靠的是我的智慧和亲力亲为的付出，可我先生看不到我在外面的辛苦。他只看到我频繁地往家拿钱，他觉得我赚钱太容易了，这样的钱他花着不踏实。隔着那么多的金钱，他也觉得渐渐看不清我了。

就在我和我先生之前的感情渐行渐远的时候，有一个我之前在新旅当导游时认识的日本客人主动联系到我，他是伊藤忠的社长，当年他来中国旅游的时候，对我的导游服务非常满意，现在他诚恳地邀请我到日本去旅行，让他也尽一次地主之谊。而且他还说，如果我愿意，他可以帮我办理到日本留学的各种手续。

一来，我觉得房地产的买卖我已经做得差不多了，差不多可以收手去让自己充充电了；二来，我对婚姻中出现的问题感到很头疼，不知道该如何扭转和我先生的关系，有句古话叫"距离产生美"，我想自己不如暂时离开一阵子，让我们彼此都冷静一下。

就这样，我接受了邀请，离开了中国，独自去了日本。

在日本游历了一段时间后，我又辗转到了香港，并在香港成立了"王安科技发展公司"，主要从事香港和内地的进出口贸易。

"王安科技发展公司"在创立之初，业绩非常不错，我仗着伶俐的口齿和高超的谈判技术，游刃有余地周旋在香港和内地形形色色的商人和客人之间。

那是我第一次从事进出口贸易，没有什么高人给我指点，我也没有受到过什么系统的训练，在做生意的时候，我唯一的准则就是——让自己的利润最大化，让对方的利益最低化。对此我非常得意，订单也源源不绝。

然而这样的好运并没有持续太久，没多长时间，我就开始接连遭遇了失败和打击。

那些跟我头头是道谈判的人，拿了我的钱和货之后就人间蒸发了，最开始遇到这样的事情，我还以为是自己运气不好，当这样的事情接二连三地发生，我就渐渐支撑不住了。

那个时候我想不通别人为什么都要骗我，直到很多年后我才想明白，在做"王安科技发展公司"的时候，我太急功近利，不论是做生意还是跟人搞合作，能长久经营和存活的宗旨，绝不是"让自己利润最大化，让对方利润最低化"，而是要"双赢"。

但那个时候我毕竟还是太年轻了，一个人背井离乡，人生地不熟，被人骗了都不知该跟谁申诉、去哪儿申诉。

我觉得很烦，也很累，我想回家，想回到我熟悉的土地上去，更想我的先生和儿子，我想我该回北京去尽一个女人应尽的责任——相夫教子。

所以我结束了数年在海外漂泊的日子，重新回到了北京。回到北京后，我刻意减少了自己的工作量，大多数时间都留在家里陪先生和儿子，希望能弥补这些年来我没有尽到的妻子和母亲的义务。

然而结果却令我大失所望，我回国没多久，就发现我先生早已有了外遇，这些年的分离与思念，不过是我自己一厢情愿的想法。

我一直在试图去挽救这段婚姻了，没想到他早就放弃了。对于一个已经变了心的男人，我没有再去挽留，我们很和平地办理了离婚手续，由于儿子从小就是奶奶带大的，所以监护权判给了我前夫，我也将他们居住的房产转让到他名下。

不论如何，我感谢前夫陪我一起走过艰难的青春岁月，也感谢他和我一同孕育了一个聪明可爱的儿子，虽然我们没能白首偕老，但我始终祝福他能过得幸福。

二 / 梦开始的地方

我这大半生的所有高潮和风光，都是站在舞台上和拼杀在商场中实现的。哪怕是经历婚变的那段日子，我也从未停止过经营自己的事业。

当然了，我不是钢铁人，我的心也是肉长的。刚刚离婚的那几个月，我独自在低谷中煎熬了很久。那时我刚刚从国外回来，还没有开始经商，也没有舞台可以让我去表演，除了手里握着一沓遍布北京城的房产产权证外，我突然发现自己什么都没有了。

从前，不管我在外面怎么拼搏，怎么折腾，在我内心深处，我都知道有一个叫作家的地方在等待着我，那里有爱我的先生，有崇拜着我的儿子。每每想到未来，也都会有一个明确的画面在我眼前，在那幅画面中，我有一座宽敞明亮的大房子，我和我的先生，我的孩子，还有我们养的动物们，快乐地生活在一起，中国老话中的幸福，就是"老婆孩子热炕头"，曾经我最大的人生梦想也不过如此。

但现在，一夜间这一切都烟消云散了。

很长一段时间里，我一个人住在空荡荡的房子里，夜夜辗转反侧地睡不着，因为我不知道自己这么拼命赚钱是为了什么，也不知道自己接下来该做什么。还要再去买卖房产吗？还是回去继续从事日文翻译工作？或者干脆再满世界地瞎跑？

虽然我手里有很多的房子，也不缺钱花，但我压根就不会花钱，更不知道自己想要买什么。无事可做的日子里，我就整天在北京城里转，去看我的那些房子，也好让自己散散心。

没想到看着看着，我的心情反而更不好了。因为我发现，我有这么多的房子，但却没有一个是完全让我满意的，不是院子不够大，就是卧室不够明亮，要么就是客厅不够宽敞，要么就是地段不够好。

有位心理医生跟我说过，大多数人失眠的原因，就是因为他的耳朵没放对地方，如果你把脑袋和耳朵在枕头上放对了，很容易就能入睡。我当时的状态就像一只永远找不到枕头的耳朵，买再多的房子都不能让我的心灵平静下来。

我一次又一次地问自己：王安祥，你想要一个什么样的房子呢？

我也一次又一次地在脑海中勾勒，试图在想象中"看到"那个我梦想中的房子，那个能让我的心灵得到寄托的所在——首先，它必须非常大，有大大的客厅，大大的餐厅，大大的书房，大大的健身房，还有后院……我在国外待了很多年，也看了很多外国电影，梦想着自己也能拥有一座那样的大房子。

但在当时的中国，上哪儿去找那么理想的房子？当时人们连客厅是什么东西都搞不清楚，更别提专业的房地产商人了，那时候的中国，房地产仅仅存在于一些有远见的人的想象里。

就这样，我在心里、脑袋里渐渐描绘出了一座理想中的大房子，但现实的日子却每一天都无比的空虚、寂寥，因为这个房子太遥不可及了，简直就像是做梦一样。

也许是日有所思、夜有所梦吧，有一天夜里，我在浑浑噩噩中睡去，睡到糊里糊涂的时候，我突然感觉冥冥之中有一个声音在我耳边说："王安祥，你去后边的发廊剪剪头发吧，剪断三千烦恼丝，脱胎换骨转转运。"那个声音很陌生，甚至没法分辨男女，但却非常清晰和真实。

当我睁开眼睛的时候，发现天已经亮了，回想起睡梦中听到的那个声音，我觉得非常的不可思议。洗脸刷牙的时候，我看着镜子中的自己，觉得自己真的是太憔悴了，头发也乱七八糟的，很久没有打理过了，我想，反正今天也没有什么事情做，不如就去剪剪头发好了。不过，"后边"是什么地方？是指我现在住的这个地方的后边吗？

于是洗漱完毕后，我走出家门，沿着大街朝我家后边走去了。

没走出几条街，我居然真的看到了一家小发廊，发廊装修得挺别致，门外还挂着营业的幌子。我走进店里，对老板说："给我剪剪头发。"

店里没什么客人，老板一边给我洗头发，我一边在心里暗暗犯嘀咕，昨天晚上那个出现在我耳边的声音，真是一场梦吗？如果是梦，为什么这里真的有一家理发店呢？但如果不是梦，那个说话的人又是谁呢？

我正胡思乱想着，店里又走进来一个人，那人一进来就问老板："哎，房子卖出去了吗？"

老板顺口回道："没呢，净是来看房的，没人买。"

我一听到"看房子、买房子"的字眼，立刻就敏感起来，插嘴问道："什么房子啊？"

"就这楼上的房子，"文革"期间那家人被轰出去了，现在房子还给他们了，他们不想住，委托我帮忙卖掉。但这房子太大了，来了很多人来看，但都买不起。"老板回答。

一听到"这房子太大了"，我更来精神了，激动地问："能让我看看吗？"

老板上下看看我，我穿得挺普通的，估计他觉得我应该也买不起，但他店里也没什么生意，闲着也是闲着，就答应了，洗完头，他带我上楼去看房子了。

房子确实很大，至少有 300 平方米，是老式的日本风格的装潢，走廊上有繁复的花纹装饰，门的隔断上还有精致的雕花，可以看得出昔日是多么的奢华。但"文革"期间，这房子被红卫兵和革命小将占领，损毁得非常严重，甚至还有人在屋子里烧煤生火，墙壁和天花板上，到处都熏得又脏又黑。

这种老式的木头结构装潢，一旦被烟火熏了，翻新非常困难，想当然，这房子很难卖出去。

但我不是一般的买房者，我倒腾了那么多年房子，一个房子是好是坏，是否有潜力，我一眼就能看出来。一走进这间房子，我整个人就有一种豁然开朗的感觉，那些漆黑破旧的木头结构，在我眼中全都有着截然不同的景象，前后不到几分钟的时间，我已经在心里把这房子翻修后的样子全都勾勒出来了。

这就是我心目中理想的那种大房子！

我当即就决定，这房子我非买不可。但我表面上并没有流露出喜悦，而是很镇定地问理发店的老板："这房子你卖多少钱？"

他说："50 万吧。"

"没问题，这房子我买了，"我痛快地说，"明天中午我就把钱给你，你告诉我怎么过户？越快越好。"

"过户这事儿我可没办过，"理发店的老板被我的爽快吓了一跳，赶紧说，"我把宣武区房管所负责过户的小李给你叫过来吧。"

过了一会儿，办事员小李来了，那是很爽快的年轻人，问明白情况后，直接就开门见山地跟我说："你要尽快过户也不难，只要我上下打点一番就行了，不过你得出点儿钱。"

"您开个价吧，"我豪爽地说，"只要能尽快过户就行。"

小李眯着眼睛说："一周之内我把房本交到你手里，上上下下我都帮你打点好，你给我十万，你看行不行？"

"行！"我笑着，当场从随身的包里掏出五万放到桌子上，"我今天临时出门，没带那么多钱，这里有五万，你先拿去用，事成之后我立马把余款都给你，现金支付。"

看到那厚厚的一捆钱，小李的两只眼睛立即瞪得溜圆，我想他之前一定从来没见过会随身揣着五万块现金的女人，我想他一定在心里暗暗琢磨着我是何方神圣。

我笑眯眯地看着他收起钱，不动声色地最后祝福了一句："那就拜托你了。"

其实，以我对房产交易的熟谙程度，托个人走走关系的正常过户手续，一万块钱绰绰有余，这个小李居然跟我开口要十倍的价钱，分明就是在试探我，如果我不是真心有钱，肯定被他吓跑了。

但我不仅没被吓跑，反而当场就给了他五万，可见我不是在开玩笑，而是真的有钱，而且脑子还有点不正常。

我当然不是脑子不正常，因为我最关注的事情，就用最短的时间把房子过户到我手里，以免夜长梦多。

小李拿了钱，再也没跟我多说一句废话，估计他生怕我突然反悔了，要把钱拿回去，反正他用最快的速度帮我办理了过户手续。

我这才扭过头，对着目瞪口呆的理发店老板说："过户的事儿小李去办了，你就不用操心了，麻烦你帮我去通知房主吧，三天内把家搬走，我要翻修我的房子了。"

"三天内啊？"理发店老板缓过点神儿来，一脸为难地跟我说，"大姐，您刚才都看见了，楼上的家具那么多，三天内我连搬家车都找不齐，怎么搬啊？"

"我给你找搬家车，我一次给你安排十辆车，工人都给你配齐了，行不行？"我说。

理发店老板用看怪物一般的眼神看着我，他一定没想到，不过是洗了个头发的工夫，自己居然就做成了这么大一笔交易，不论是50万的房价，还是10万元的打点费，我都出得没有半丝犹豫，这简直比做梦还令人不可思议，而且就算他去做梦，估计也想不明白，我到底为什么这么着急要拿下这个房子，甚至不惜多花近一倍的钱。

他当然不会明白，我想当时全北京城都没几个人能理解我的决定，但如果是放在现在，我想看到这本书的每一位读者，如果换成是您站在我的位置上，您也一定会毫不犹豫地做出和我一样的选择，为什么这么说呢？我不如换个角度来介绍一下这座房子吧：它有将近400平方米的实用面积，坐西朝东，东西通透，别看它又破又旧，但它坐落在全北京城最黄金的地段——琉璃厂，到今天，这样的房子，就算你有几千万，都不一定买得到。

三天后，房主顺利把家搬走了，东西清理完之后，我找了个收废品的，把房子里所有剩下的东西全部收拾一空。顿时，整个房子都变得不一样了。

我徜徉在巨大的房子里，美滋滋地在心里做着规划和设计，这个地方做主卧室，那个地方当健身房，这里是客厅，那里是书房……走着走着，我突然后知后觉地想到了一个大问题，这个问题顿时让我的好心情没了一大半。

之前我介绍过，这间大房子位于二楼，在大楼的正面一楼有两个出口，一个是那间小理发店，另一个是中国银行，除了这两个正门外，大楼的背面还有一个后门，不过从后门出去要经过院子，很多住在楼里的人，夏天就把院子当成自家的餐厅，随随便便就把饭桌支在院子里，每次我一从后门走，就得路过人家的餐桌，而且环境也很脏，空气里总有一股油烟的味道。

问题显而易见，我有了一间位于北京城黄金地段的大房子，可是这房子居然没有一个像样的出入大门。

但是没关系，我永远相信"方法总比问题多"，我一个人站在空荡荡的大房子里，冥思苦想了大半天，终于有了解决问题的办法。

我来到之前负责卖房子给我的理发店，明知故问地问那个年轻的小老板："你这理发店的生意好吗？"

"看您这问题问的，"小老板一脸悻悻，自嘲地说，"您不都看见了吗？我这店里一天到晚都没个客人来。"

我看着他，一脸严肃地说："生意不好，一般有两条路可以选择，你知道吗？"

"什么选择？"小老板饶有兴趣地看着我。

我清清嗓子，信手拈来地说："第一，你把店关了，去跟生意做得好的人学习。"

没等我说完，小老板就打断了我，一脸怀疑地说："人家凭什么教我啊？"

我耐心地给他解释："你相信我，成功的人都有一个特点，只要你虚心跟他们请教，他们都特别愿意教你，给你分享他们成功的经验。"

"呵呵，我才不信呢，"小老板不以为然地笑笑，"第二条路是什么？"

我也笑着说："第二条路是，你把店卖了吧，卖了店你能赚一大笔钱，但如果你继续死守着这家店，连养活工人再加上水电费，你会赔得越来越多。"

小老板急了，激动地跟我说："你说的倒轻松，我花了10万块钱才把这家店开起来，我上哪儿找一个跟我一样的傻瓜，愿意买这家不赚钱的店啊？"

"你不用找啊，那个傻瓜就站在你面前，"我见终于说到了主题，就收起笑容，一脸真诚地对他说，"我愿意买你这家店，除了一口价10万元之外，我每年还另付你两万七千块的房租，钱我明天中午就给你送过来，你明天下午就搬走，你看成不？"

小老板傻了，足足愣了好几分钟才回过神来，点头如捣蒜似的对我说："好，明天中午，你交钱给我，我拿了钱就搬家！"

第二天中午，我如约地揣着十万块钱来到了理发店，我满心想的都是，把理发店改成我二楼大房子的正门，没想到一到理发店，小老板却反悔了，他一本正经地对我说："大姐，对不起，这店我不能卖给你了。"

"为什么啊？"我紧张地问。

小老板笑呵呵地告诉我："昨天你离开之后，又有两个小姑娘来到我店里，她们俩也想买我的店，说要开一家美容院，我说我已经10万块卖给别人了，她俩不放弃，居然给我开到15万，所以我要把房子卖给她们俩。"

这回轮到我傻眼了，这世界上怎么会有这么巧的事儿？我没看上这家理发店的时候，谁也看不上它，我一看上它了，立刻就有其他人来跟我抢，还愿意多花 50% 的钱来买它，估计没有任何人会相信小老板的话，他这分明就是坐地起价。

可是嘴长在小老板身上，就算他摆明了想多管我要钱，我又能怎么样？我能放弃这家店吗？还是跟他撕破脸大吵一架？不论怎么做，结果都对我不利，我不想走油烟缭绕的后门，我也没有能力去打中国银行的注意，我要想让自己的大房子有一扇漂亮的、朝街的正门，这家理发店是唯一的出路。

遇到这种情况，我选择相信小老板的话，就像我愿意接受 50 万的惊人房价，就像我毫不犹豫地就答应了 10 万元的天价打点费用。于是，我礼貌而客气地对小老板说："我再给你加两万，17 万，你把房产证明和营业执照留给我，我给你安排搬家车子，你立马搬家走人。"

小老板倒也没跟我胡搅蛮缠，接过 17 万，利索地把自己的东西都搬走了。他走了之后，我就坐在小理发店里，等着那两个不知道是否存在的"要开美容院的女孩儿"。

我记得很清楚，当时是 10 月份，那天我穿着一件普通的大背心，下午太阳西斜，天气有点儿凉了，我就在外面套了一件牛仔布的大坎肩儿，就像一个老大妈似的坐在理发店门口，从中午一直等到下午五六点，没半个人影走进理发店，我心里暗暗想，我肯定是被那个小老板骗了。

就在我等得不耐烦了，打算撤了的时候，门口突然走进两个小姑娘，细声细语地问我："大姐，我们找崔经理。"

理发店的那个小老板就姓崔，我一看眼前这情况，不由地咧嘴笑了，看起来小老板没有骗我，还真的有这么两个要买理发店开美容院的小姑娘。

　　而且两个小姑娘长得挺顺眼的，说话也很有礼貌，我对她们的第一印象还不错，于是我笑着告诉她们："崔经理已经不在这里了。"

　　"崔经理去哪儿了？"其中一个小姑娘紧张地问我："我们是来交钱买这家店的，崔经理不在，那我们该把钱给谁啊？"

　　"不用买了，这房子不卖了，你们俩回去吧。"我说。

　　两个小姑娘急了，红着脸跟我说："大姐，别不卖啊！我们好不容易才借到钱，要在这里开美容院，这是我们的理想。"

　　天色不早了，气温越来越凉，我便对这两个看起来挺有意思的小姑娘说："你们俩有话进屋说吧。"

　　把两个小姑娘让进屋，我饶有兴致地问："小姑娘，你们俩要开一个什么样的美容院啊？"

　　"我们俩要开的不是一家简单的美容院，而是一项伟大的美容事业！"两个小姑娘里一直是由一个长发飘飘的姑娘负责发言，小姑娘的口齿特别伶俐，人也长得很机灵，特别像琼瑶电影里的女主角。她目光炙热地告诉我："大姐，您别叫我们小姑娘了，我叫汪向晖，以后您叫我汪汪吧。"

　　在当时，国内并没有什么像样的美容院，所谓的"美容院"，其实就是烫头发、敷敷脸的小发廊，他们用的毛巾都被染发剂染得黄黄绿绿，而且卫生也非常糟糕，用过的毛巾，在脏水里涮两下就胡乱地搭在门口，一个粉扑可以给上百名客人公用，在这样的环境下做美容事业，能有什么前景？我怀疑地问她们："在中国，美容院不好做吧？"

　　"我们要引进一个台湾的品牌，做他们的加盟商，学习他们的经验和管理，做国际水准的美容事业！"汪汪把胸脯一挺，自豪地说。

我真是越看这个汪汪越喜欢，而且还有一种似曾相识的熟悉感，人与人之间真的是有缘分的，没有缘分的人，即便成为了夫妻，也终究会沦为陌路；有缘分的人，即使隔着天涯海角，也终有一天会走到一起。

那时候我已经三十多岁了，虽然现在回想起来，三十岁还是很年轻的，但作为一个刚刚离过婚，又在国内国外奔波了那么多年的女人来说，我心里还是很有沧桑感的，从汪汪的身上，我仿佛看见了年轻时的自己，充满希望，充满激情，想尽办法地克服各种困难，迫不及待地要实现自己的理想。

我觉得自己豁然开朗起来。多日以来，心中的虚无和无处寄托感一下子荡然无存，我仿佛也年轻了好多岁，恢复了充满斗志的自己，我笑眯眯地对汪汪说："既然你们要做国际水准的美容事业，这么小的一家店面怎么够呢？既然要做，就做一个全北京城最大的美容院。"

"可是我们手里的钱只能租这么大的店面啊，"汪汪无奈地说，"而且这还是东拼西凑借来的钱呢。"

"大店面我有啊，"我豪气地说，"走，我带你们上楼看看。"

因为当时理发店里面的门还没砸开，所以我带着两个将信将疑的小姑娘，从大楼的后门绕上二楼，一推开门，两个小姑娘就又是惊喜又是失望地叫起来：

"哎呀，好大啊！"

"可是也太破旧了吧！"

"你们俩怎么这么没有发展的眼光啊？破有什么关系，我们可以翻修啊，"我大步在房子里走，胸有成竹地计划道，"楼下的那家小理发店，直接改成接待厅，楼上咱们全部重新修缮和隔断，这里做美容室，那里做贵宾室，这里放柜子，那边放沙发，风格……"

经过我这么活灵活现地一展示，两个小姑娘脸上的失望一扫而空，用崇拜而兴奋的眼神看着我，紧接着她俩又有点不安，诚惶诚恐地问我："大姐，按你说的这么做，那得花多少钱啊？我们没有那么多钱……"

"你们俩就负责做美容院，店面和装修全都由我来负责，"我看着她们俩，郑重地说，"咱们合作，一起做一个全中国最好的美容事业，怎么样？"

两个女孩儿你看看我、我看看你，沉默了片刻，汪汪才说："大姐，这件事我们俩说了不算，我们得去找那个台湾品牌的中国区经理商量一下，因为我们要开的是他们的连锁店，只要台湾那边同意，我们俩特别愿意跟您合作，把这个美容院做大！"

"好，你们去跟那些台湾人商量吧，我等着。"我回答。

两个小姑娘心情很激动地离开了，我看着她俩的背影，心里莫名有一种很确定的感觉，我一定会跟她们俩合作的，我接下来的人生，也许会开启一段新的篇章。

我的预感很准确，就是从这一天开始，我结识了我这一生中最重要的商业合作伙伴，也是我生活上最重要的挚友——汪向晖，这一年是 1992 年，汪向晖 21 岁，弹指一挥间，我们一起走过了 23 年，汪向晖和我的团队中 70% 的人都追随我二十多年了。

人们都说，一个成功的男人背后一定会有一个成功的女人，我不敢说如今的王安祥有多成功，但在我的身后，始终站着一支会无条件支持我的团队，那就是汪向晖和我的"安家娘子军"们。

我是属于很有想象力和战略思维的人，我擅长捕捉到潜在的商机和一个行业的未来前景，然而面对复杂而巨大的市场，光有眼光是远远不够的，我不可能一个人撑起一个企业，而汪向晖是一个能在最短时间、用最节约的资金，把我的计划完全落地的人。

如今，汪向晖是我身边最得力的伙伴，在工作中，我指到哪儿她就会第一个冲到哪儿，这些年来，她始终是在学习与实践中成长的，从最基层的工作一点点做起来，她曾经做过店长、培训师、商场业务员，只要我新成立部门，就会让汪汪去创业，因为她身上永远有无限的激情。

二十多年来，汪汪无论在任何场合都会对别人说：王总是我人生的导师。而在我看来，汪汪也是我事业上最难得的合作伙伴，正因为有她在我身后毫无条件地支持我，信任我，帮助我，才能让我有更源源不竭的力量一直走到今天。

三 / 借力宣传

我和汪汪结识于 90 年代初，当时，她想要做的那个台湾品牌刚刚进入中国市场，对于北京这样的大市场，台商对店面和人员的选择是十分谨慎的，汪汪本来只想以一个小加盟商的身份，租赁一间小店试试水，没想到她竟然"阴差阳错"地认识了我，而我毫无条件地提出要给她一间位于京城黄金地段的将近 400 平方米的大店面。

汪汪将她遇到的情况汇报给台湾后，台湾总部迅速发回了反馈，直接表示要派一名台湾的负责人来实地了解一下情况。

台湾负责人很快就来到北京，那是一个台湾女人，穿得十分优雅，有气质，但是举手投足却盛气凌人，看完了我提供的店面，她甩着一口傲慢的台湾腔，慢悠悠地问："你们打算要开多大的店面呢？"

我看着她说话的那副傲慢腔调，就气不打一处来，调侃地学着她的语调回答："我们打算开 400 平方米的呢。"

"你们怎么可以开 400 平方米的呢？"对方的声音高了起来，用一副不可思议的眼神看我，那感觉就像是在看一个疯子。

"我这房子楼上楼下加起来就是 400 平方米，我不开 400 平方米的开多少的？"我不客气地用京腔反问她。

对方被我噎得好半天才憋出一句："我们总部才 200 平方米呢，你怎么能开 400 平方米的呢？"

我气得扑哧一声笑了，做出送客的手势，冷冷地说："那按您的意思，老子要是个子矮，儿子还不能长高了是吗？你们还做国际品牌呢，心胸也忒狭小了。既然这样，这里比总部大，那就这里改总部吧！"

对方一看我这样的态度，也生气了，起身拂袖而去。

当时汪汪还不管我叫"王总"，而是管我叫"大姐"，她一看台湾负责人被我轰走了，急得满脑门儿是汗地对我说："大姐，那是咱们今后的顶头上司啊，您怎么能把人家轰走呢？"

"你瞧她那傲慢的态度，心胸狭隘，这样的人有什么本事管我？我管她还差不多。"我嘴上满不在乎地说，心里也有点郁闷，难道这个"伟大的美容事业"，一开始就被我搞砸了吗？不过，既然决定了要做，就不能半途而废，我用肯定的语气对汪汪说："咱们不用管她，还按之前的计划开始装修这房子。现在全世界都在眼热着中国这个大市场，只要酒香，不怕巷子深，更何况以咱们这地段和规模，就算开不成那个台湾品牌，也保证能吸引来其他的国际大品牌。汪汪，你相信我，只要咱们把这酒坛子烧好了，台湾那边肯定会主动来找我们的。"

汪汪心里一定很不安，但她还是点了点头，选择了相信我的判断。

就这样，我们对于台湾方面的态度毫不理会，按部就班地开始装潢店面，每一个柜台，每一个细节，都是我和汪汪亲自设计的，图纸也是我们两个人一点一点画的。

包括后来这个台湾品牌在全国发展到几十、上百家店铺，这个传统始终没有丢，每一家店的图纸、设计、工程，都是我和汪汪两个人亲自上阵和把关。

等我们将 400 平方米的大店面装修得差不多的时候，台湾的总部也从侧面接到了消息，他们终于坐不住了，创始人蔡博士特地来到北京，主动表示要跟我见面。

这下汪汪对我佩服得五体投地，因为她一直担心等我们装修完了，台湾方面还是对我们不闻不问，到时候我们一没品牌二没供货，那可就糟了。没想到事情真的按照我说的来了，台商果然自己找上门来了。

这是我和蔡博士的第一次见面。虽然她之前派来的人的水准我不敢恭维，但她本人还是很有眼光的，一到店里她就赞不绝口地说："这里的环境非常好。"

我买的这间老宅，对面就是著名的和平门烤鸭店，往南不远处是琉璃厂，十字路口往东就是天安门广场，绝对是全北京城最黄金的地段。不仅如此，店面所在的街道也非常宽敞干净，采光和风水都棒，人流量也极大，再加上店面已经装修完毕，不再是最初那个又脏又旧的日式木板屋了，装修风格在当时绝对称得上高端时尚，蔡博士一下子就看中了这个地方。

"我们一起来合作吧，"蔡博士边说边审视着我，语气却是非常轻柔的，有一种台湾富商特有的优雅和势在必得，"既然你这店面这么大，我们就不要只做一家连锁店了，可以有更大的发展空间。"

我当然想做"大"事业，骨子里永远有抓住商机的敏锐。一听蔡博士说要做大，我的注意力就被吸引了，赶紧问她："好啊，你说怎么开大的？"

"你这里就做我们在大华北地区的总部吧。"蔡博士说。

"好！"我激动地说。

"别急，我们要事先算算账，"蔡博士又眯起眼睛，露出了她商人的那一面，慢条斯理地说，"你算一下你这房产和装潢值多少钱，然后这就算你的出资；我的出资主要以我这个品牌的知识产权来算，我的这些东西值……"

蔡博士仔仔细细地跟我算起来，最后我们商定的结果是，我和台湾方面以各自出资 250 万元的形式，开始合作。我的出资主要是房产和装潢的作价，蔡博士的出资形式是知识产权、品牌价值以及少量资金。

就这样，我成了这个台湾品牌在华北地区的总负责人，开始了和台湾方面的合作，也正式跨入了美容行业。

这是我新的人生起点——经营美丽。我把全部的精力投入到这个台湾品牌上，我要用最快的速度在北京做大。

我之前从来没做过美容，也不了解这个行业的行情，所以一路以来，我都是边做边学，看书，看别人，跟有经验的人请教，我不放过任何学习的机会，经过一段时间的摸索，我确立了自己的第一步目标——让这个台湾品牌进驻北京的大商场。

首先，我要有属于自己的专柜，因为只要得到了大商场的认可，品牌价值就能得到大幅提升。

我没有什么门路，只能自己亲自去商场跑，我的第一个目标就是 SOGO 百货公司，我找到 SOGO 的化妆品专柜负责人，开门见山地说："我想让自己做的品牌进 SOGO，怎么进？"

人家问我："你什么品牌啊？哪国的？"

"是一个台湾的品牌。"我诚实地回答。

结果人家直接就拒绝了我，态度特别不屑地说："对不起，我们 SOGO 只做欧美的大品牌，台湾的不做。"

我连屁股都没坐热就被人家轰出来了，真是太受打击了。回到自己的店里，我冥思苦想了好几天，终于想到了一个办法，我把美容院里的三十多个员工都召集起来，对大家说："我们要在北京打出自己的品牌名气，让北京的女性学会科学保养皮肤，大家一起行动起来，我们把愿意支持我们的家人和朋友写下来。"

每个人都非常认真地列出了自己的 30 位朋友和家人，我又说："请你们让名单里的亲友们给我帮一个忙，让他们每天都到 SOGO 去，看见穿黑色衣服的人就问他'某某台湾品牌在哪儿'、'你们 SOGO 有我们想找的那个台湾品牌的专柜吗'。"

我的员工都特别支持我，立刻动员家里的亲戚朋友，按照我们的计划开始行动。

两个星期后，SOGO 的化妆部经理主动来电话找我，用非常客气的态度问我："你是某某台湾品牌的北京负责人吗？你们想进 SOGO 吗？"

就这样，我用了剑走偏锋的方式，让这个台湾品牌顺利进驻了 SOGO。SOGO 是当时北京最大的商场之一，得到了 SOGO 的认可，我就等于是得到了北京各大商场的通行证，很快，全北京的大型商场都有了这个台湾品牌的专柜。

整个北京市场迅速打开了，在做专柜的过程中，我又和日本人有了一次较量。

那时候，我在 SOGO 的专柜已经装修完毕，开始营业了。因为我挑选的专柜位置很好，位于商场入口附近，生意非常不错，可就在这个时候，SOGO 的日本管理者突然找到我们，让我们三天内把专柜换到角落里去，因为我的这个黄金位置要让给欧美品牌。

我不同意，日本人就带人冲进专柜里，粗鲁地把我们店里的产品、地上的电线都弄得乱七八糟，嘴里放肆地乱嚷嚷："顾客才是上帝，上帝喜欢欧美品牌，台湾品牌赶紧挪地方。"

专柜的店员都是些小姑娘，遇到这种情况吓坏了，立刻给我打电话求援。

这些年我不做导游了，很少接触日本人了，但一听店里的小姑娘在电话里惊恐的描述，我脑中立即就浮现出了日本人欺软怕硬鲜活嘴脸。我太了解日本人了，如果这一次我让他们得逞了，他们肯定会得寸进尺，我们迟早有一天会被他们彻底赶出 SOGO。

我放下电话，立刻赶到商场，看着专柜后面几个店员不知所措地站在那里，日本管理员把专柜的电线拔了，灯箱也不亮了，收款机也断电了。我让店员去把那个日本管理员叫来，不一会儿，那个家伙趾高气扬地来。我指着地上的电线，用日语严厉地对日本人说："你给我听好了，我的上帝是顾客，但你的上帝是我，我现在命令你照着原来的样子把一切给我摆好！"

见我这气势，那个日本人一愣，即刻点头哈腰，"哈伊、哈伊"地满口应承，撅着屁股把东西都摆回了原来的位置。

所有的东西都归位了以后，我满意地点点头，也不多刁难他，冷冰冰地对他说："你现在可以离开了。"

小个子的日本人顿时像听到圣旨一般，灰溜溜地夹着尾巴离开了。

日本人一走，静悄悄的专柜一下子就沸腾了，所有的员工全都围到我身边，兴奋地竖起大拇指，欢呼起来："老大，你太厉害了！"

当时我也觉得特别痛快，微笑着对员工们说："大家继续卖货吧。"

那天晚上，员工们情绪高昂，士气大振，把货柜里的货都卖空了。

看着店里的女孩子们忙碌而欢快的身影，我心里十分感慨。很多企业家说，只有给员工加薪和升职，才能调动他们的工作积极性，可今天发生的事儿却让我认识到，这些年轻的员工，他们更需要企业为他们带来一种尊严感和荣誉感，这是金钱所无法换来的东西。

当然，我也很明白，今天的事儿肯定还没完，日本人今天只是被我的气势唬住了，等他们回去冷静下来，肯定不会善罢甘休的。

果然，几天后，那个日本人的上级托人找到我，说要请我吃饭。

我很清楚，对方这是搬出更厉害的角色来收拾我了，这顿饭十有八九是鸿门宴，但只要我不去，就代表我害怕了，所以我必须得去！

中国有句俗语，没事儿不找事儿，有事儿不怕事儿，现在是日本人来找事儿，身为一个中国人，咱绝对不能胆怯，不能丢人。

于是，我单枪匹马地去了饭店赴约。

到了包厢，我冷眼一扫，圆桌上坐了 3 个日本人，为首的一个衣冠楚楚，正襟危坐，边上还坐着一个瘦弱的小姑娘，估计是个翻译。

落座后，我故意一句日语也不说，坚持用中文和对方交流，让小姑娘帮我翻译。我也留个心眼，万一日本人想要刁难我，也能有个反应的时间。

一开始，大家彼此客气，东拉西扯、把酒言欢，吃得还算顺利，但饭局过半，对方的狐狸尾巴就藏不住了。

只见他比比画画地跟翻译说："商场现在要重新布局，你们专柜的位置要摆放欧美大品牌，你们经营的是台湾品牌，不符合SOGO 的欧美高端路线，所以要把你的专柜挪到别的地方去。"

把专柜挪到别的地方去，这事儿听起来很轻松，但事实上几乎是没有办法操作的，因为商场里有很多柱子，每一家专柜都是围绕着柱子进行设计和装潢的，包括柜台的尺寸和空间的美感等，如果换个地方，这些东西就完全不能用了。我们的装修用的都是进口装饰材料，一个产品专柜至少几十万元的装修费，让我挪地方，说得倒是容易，我上百万的装修就全都得作废了。

当时，我心里真的很气，但还是按捺住了自己的情绪，没有立刻表明我的态度。

耐心听完翻译的转达内容后，我反问了日本人一个问题："我们商品的销量在商场排名第几？"

日本人回答："大概第三位。"

我点点头，又问："那我们的品牌是不是你们商场里比较重要的商品呢？"

日本人说："当然。"

这时，我才收起笑容，清清嗓子，沉声对翻译说："你跟他说，如果我们很重要，你就继续让我们留在原来的地方，如果我们不重要的话，你直接告诉我，明天我就把专柜从你们商场里撤出去，这样可以吗？"

翻译听完我的话，扭过头，毕恭毕敬、柔声细语地给日本人翻译了一遍。

我在一旁实在听不下去了，就打断了翻译，说："你翻译得不对，我没有那么温柔，你听好了，我的语气是这样的……"

然后我就又很严厉地把自己的话重复了一遍。

那个小翻译愣了愣，好像明白了一点儿，然后她转过头，加重了语气，又翻译了一遍，但我还是不满意，因为她在句子里依然使用了日本的人称敬语。

我就又说："你翻译得不对。"

这下小女孩也不干了，干脆两手一摊，对我说："那你自己说啊。"

我瞪了那个小翻译一眼，然后冷笑着转过头盯着日本人，直接用日语毫不客气地跟他说："听好了，我们的品牌对商场来说重要吗？如果重要，你就让我在那儿继续经营，如果我不重要，我明天就撤走！"

我没用敬语，而且语气非常的不客气，日本人完全被我吓到了，当即就点头哈腰地说："你很重要，你很重要，如果你不想搬，那就继续在原来的地方吧。"

我点点头，举起酒杯对日本人说："一言为定，干杯。"

酒喝了，日本人才反应过来，诧异地问我："原来你会说日语啊？"

我笑着回答："我就会说这几句，其他的不会了。"

就这样，我又一次保住了在商场的位置。但在那个时期，我自己确实也犯了不少错误，因为这毕竟是我第一次经营品牌，我一头热地拼命进商场，增加专柜，却忽略了对市场的调研和了解。

进入商场后，我发现做专柜里面有很多的学问，比如商场有一个扣率，如果你卖了五万的货，就按 30% 扣率，也就是说，你卖了五万的货，商场就要抽走一万五千元，若是你这个月生意不好，没卖到五万，只卖了五千，那商场依然要一万五千元，因为这是商城的保底扣率。

对于一个新品牌，最初的时候，我们根本没法保证所有的专柜都大量卖货，所以我们经常要面临自己倒贴钱的状况，时间一长，我就开始慌了，每一家专柜的租金、装潢和人力，我都投入了大量的资金，如果长期这样只赔不赚，台湾的资金又迟迟不来，我的资金链出现断裂，那后果就不堪设想了。

生意已经拉开这么大的阵线了，这个时候我连退路都没有，只能硬着头皮往前冲。我到处向人请教，每天夜里都睡不着觉，做梦都在琢磨怎么解决问题。

有一个朋友给我一个建议，他说："你要想在北京把一个品牌的影响力打响，最简单的方式就是铺天盖地的广告。"

我当然知道广告的作用有多大，可我当时连维系所有专柜的经营都很困难了，哪儿还有钱去铺天盖地做广告？道理虽然如此，但我还是把"做广告"这三个字记在了脑子里。

有一天，我站在家门口，愁眉不展地琢磨着怎么扩大这个台湾品牌的影响力，屋里的电视机是打开的，突然插播了一条时事新闻，我隐隐听到播音员说"这次洪水是历史上罕见的特大洪水……"

我走进屋子细听，原来是湖北遭遇百年不遇的水灾了，前一分钟我还在琢磨商城专柜的事儿，下一秒就听到特大水灾，电光火石之间，这两件事居然在我脑子里搭上弦儿了，一个念头立马应运而生——我们做慈善，去灾区赈灾吧！

我一边想，一边就拿起了电话，打给了130汽车厂。电话通了我就迫不及待地说："是汽车厂吗？我是某某美容院，我想买车。"

"你要买几辆？"对方问。

"十辆。"我回答。

"你搞错了吧？"对方立马有点怀疑地问，"我们这里是大卡车，不是美容车，你一个美容院，要那么多卡车干吗呀？"

"我要赈灾！给湖北水灾捐献物资，"我说的特别诚恳，"我明天早晨就去你们那边付钱，车子够吗？"

"够！"一听到我要赈灾，对方的语气和善起来，"您只管来吧，我们一定想办法把车给您凑齐了。"

我很感动，但还没忘了正事儿，客气地跟对方说："谢谢您的支持，但我还有一个小请求，我希望你们能在卡车上写上这样几个字——'洪水无情人有请，某某品牌的姐妹跟你手拉手共建家园'。另外，我希望卡车头也能贴上'台湾某国际事业机构'这几个字，我就这么点儿心愿，其余的路费、车费和物资费用，全部由我来出，您看行吗？"

对方答应了。

第二天，十辆写有台湾品牌字样的赈灾卡车，装满了救援物资，开往了灾区。

我这里保留了大量的赈灾照片，我们的十车物资在北京的马路上行驶，引来了社会各界的关注，取得了非常轰动的效果.但是当时我手里的资金非常紧张，养活所有的专柜都已经入不敷出了，为了凑齐赈灾的费用，我真是勒紧裤带过了好一阵子。

即便如此，这次赈灾所花费的费用，也远远不及在电视上做一则广告的开销，而且取得的效果是惊人的：电视台和新闻媒体都自发地前来报道我们的义举，装有赈灾物资的卡车在北京开了一天，我又听说前线没有食品，马上又买了十万包方便面，并请武警帮忙装车，写有标题为"军民鱼水情"的记者报道在北京所有报纸转载。第二天我们在虎坊桥工人俱乐部广场进行募捐，我们所有的员工都穿着粉红色工作服排成长龙，为灾区捐款，北京市民也被我们感染排队进行捐款，最后我亲自押车随行到武汉。

当时湖北省省长亲自接待了我们，我们的善款及物资是灾区人民收到的第一笔捐款，湖北省各大报刊都报道了我们的善举。就此品牌知名度全部打开了，大街小巷的人，人人都知道我们是一个有爱心的企业。

后来，有很多商家效仿我们的方式进行捐款，中央就明确规定各大商家不得利用捐款救灾来大肆进行企业宣传了。并且政府统一在工体举办捐款的慈善活动，即便是捐助了2000万元的品牌也只能拿着宣传牌站起来举一下，我又一次成了第一个吃螃蟹的人。

就在赈灾的当月，我们在北京的所有专柜，销量显著大幅增长，从那以后，我们再也没有卖不到保底扣率的事情发生了。有很多人都慕名而来，我们的专柜和美容院的客人络绎不绝。这一年，我的专柜销售业绩突破了1000万元。

1999年，全世界都在庆祝跨越新世纪之时，我又举办了一场盛大的世纪婚礼，取得了更大的宣传效果。

当时已经是1999年的11月了，我们已经是北京城里数一数二的美容品牌了，销量和市场都全面打开，不需要我再去绞尽脑汁地思考怎么做推广，很多机会就自己找上门来。

有一天，当时的妇联主席的秘书来找我，说他们手头现在有一个大型的公益活动，叫"世纪婚礼"，内容是给1000对新婚夫妻同时举办婚礼，目前新人和场地都已经万事俱备，唯独新娘的妆容一直找不到人来做，希望你能接下这个光荣的任务，届时还会有电视台和主流媒体进行全程报道。

我一听，这是能扩大品牌影响力的好事儿啊，我一口答应下来了。

可随后我才发现，这活儿真不好做啊：第一，没有任何酬劳，完全是免费服务；第二，同时给1000对新人做妆容，而且准备时间特别有限，这意味着我们也要派出一支上百人的化妆团队；第三，这是政府部门组织的活动，带有很严肃的政治意义，我们没有任何发言权，也严禁做任何品牌的广告和宣传。

这种费力又不讨好的事儿，大品牌根本不愿意接，很多品牌也根本调不出那么多的美容美发师。但我想了想，还是决定接下这个活动，同时我也提出了一个条件：如果让我接，那就让我一个做，新人的妆发全部归我一个人管。

那个秘书不相信地问我："你一个人干得了吗？这可是跨世纪的大活动，你要是搞砸了，咱俩谁也担不起这个责任。"

"我既然敢接，我就肯定能搞好。"我自信地说。

我不是一个盲目自信和乐观的人，也从不轻易给任何人许诺，只要是我答应下来的事儿，我肯定有十足的把握。当时我在全北京有200多家连锁店，每家店出2个员工，我就有了一支400人的大型妆发团队了，再加上我自己手下的200多直属员工，这就有600人了，我还能精挑细选一下，完全能组建一支上百人的优质梳化团队。

接下来，我用最短的时间培训这支化妆团队。我曾经当过电视配件厂的流水线工人，我知道科学的细化流程能起到事半功倍的效果。根据这个经验，我发明了一套非常科学而迅速的培训方法，每一个妆发环节，我们都进行了非常细致的拆分，每名化妆人员就只负责一个环节，经过反复的练习，他们能把这个环节的手法和速度发挥到淋漓尽致。

比如新娘的婚纱，我们就拆解成了七个部分，每个化妆人员负责一个部位，有负责上半身的，有负责腰部的，有负责裙摆的……开工后，新娘就像流水线上的产品，一个跟着一个在化妆师面前迅速走过，每个化妆师在新娘身上唰唰两下，七个步骤，加起来不超过一分钟，一个新娘就穿好了婚纱，而且，一分钟的时间我们不是只帮一位新娘穿好，而是七个新娘。

每个人都把自己负责的环节发挥到极限，不管是刷腮红的，还是涂口红的，都是几秒钟就完成一个人，你如果在一旁看，感觉美容师就是手一抖的工夫，一个环节就完成了，效果也是非常的专业，因为我们前期做了大量的练习。

在活动当天，我是现场的总指挥，由我发号施令："一二三，下一个，下一个，下一个。"

我每喊一声，新娘的队伍就往下走一步，速度非常快，也非常整齐。我也不光指挥，我手里还拿着两个粉饼，一个红色的，一个白色的，我在现场巡视，如果新娘的腮红太红了，我就拿白色粉饼按一按，如果太白了，我就用红色粉饼按一按。我一个不会化妆的人就像魔术师一样，指挥着上百人，有条不紊地完成了这场盛大的"世纪婚礼"。

通过这件事，我总结出一个经验——越是复杂的事，你就越是要简单地去做，大道至简。我是首位将婚礼化妆做成"妆发流水线"的人。

除了专业和速度之外，在品牌营销上，我在前期也下了一番苦功夫，我愿意做公益事业，给国家和社会出点力，但这么大的活动，付出是巨大的，面对这样的局面我如何做？

怎么能滴水不漏地在这场活动中宣传到我们的品牌呢？我的办法是，给所有参与活动的梳化人员都做了一件红色的马甲，马甲的背后写有醒目的白色品牌字样。

为什么选则红色的马甲？我也是有考量的，因为这是一场婚礼，所有的新娘都穿着白色的婚纱，与白色能形成最大反差效果的颜色，就是红色。

在化妆现场，负责录像的记者不停地说："那个红马甲，你躲开点儿。"因为他们的镜头怎么都避不开我们的红马甲，往哪个角度照，第一眼都能看到醒目的红底白字的台湾品牌字样。

1999 年 12 月 31 日晚上，世纪婚礼隆重结束，到了夜里 11 点 59 分的时候，当时的妇联主席走上台，呼吁全体起立，四千多名参与者一起高声倒计时，等待跨世纪的钟声响起。

当钟声响起的时候，很多人都闭上眼睛，双手合十，许下新世纪的愿望。

我也许了一个愿望，愿我们能够成为全世界第一家上市的保养品企业，愿我能在新的世纪里展翅高飞，完成自己宏伟的梦想，让自己的人生更加精彩。

跨入新千年的这重要一步，我们的业绩果然再创新高，我所负责的华北区销售业绩占全国业绩的 50%，我也登上了全国公司的舞台，成为全国市场的 CEO。

我在上海任职期间，进行了大量的专业培训和魔鬼训练。

就在两年后的 2002 年，这个台湾品牌在香港注册上市。

然而令我倍感遗憾的是，这次上市，不论是公开场合，还是文字记载中，都没有留下我的名字。

因为上市前，蔡博士突然找到我，对我说："你虽然是我们在中国市场的 CEO，但你一不是美国人，二没有什么出色的履历，就算你再有能力，以一家上市公司的立场来看，你的背景都太普通了。所以我的上市板块里不能写你的名字，海外宣传板块里也不方便加入你的名字。但你依然是管理华北地区的负责人，上市后，你管辖范围内的所有盈利分成，也和从前一样，你看行吗？"

　　我想了想，答应了，那些年，我为这个台湾品牌的发展立下了汗马功劳，如今品牌发展得如日中天，全中国的加盟商都知道我就是国内的 CEO，能不能在上市板块上青史留名，对于我来说，似乎也没有那么重要。

　　最终，在上市板块里，没有留下我的名字。

　　上市的事，只是我和蔡博士之间合作关系的一个缩影，合作的这些年里，我不重名利，面对内部的斗争，我从来不放在心上，我更关注这个舞台给予我的成长。

　　19 年的经营台湾品牌的生涯，我得到的物质回馈，远远小于我的付出，但是到了今天，我不后悔自己当初的选择，我相信只要你认真付出了，一定会有所得。上帝永远会眷顾努力拼搏的人。

　　面对委屈我更多选择的是隐忍，我常常跟汪汪说，成功是忍出来的，而且要从那些曲折和困境中，汲取养分和动力，这才是一个做事业的人该有的理性和值得别人尊敬的态度。

第四章　生命的春天

一 / 邂逅安杰玛

人与人之间的邂逅需要缘分，人与一切美丽的事物之间的邂逅更需要缘分。

在香港成功上市后，品牌知名度在中国的名声如日中天，国内各大市场分区的销量也水涨船高。

但不管其他分区的业绩如何翻番，我所带领的北京团队始终是当仁不让的销量冠军。多年来，我们凭借着对市场的熟悉和兢兢业业的实干苦干，出货额一直占据着整个中国市场的 50%，稳拥全国市场的半壁江山。

然而，在我风风火火做事业的同时，我也强烈地产生了一种令人窒息的感觉——家族企业内部的制约力量和集团中的权力斗争，让我感到越来越掣肘和迷茫。

就在这个时候，一位风度翩翩的法国"白发王子"走进了我的生活——他就是安杰玛的创始人，一位毕生都献给芳香王国的白发老人——萨干先生。

正是这位 60 岁的法国人，改变了我整个后半生的职业规划，也让我拥有了更加宏伟的事业蓝图。

早在几千年前，中国伟大的思想家孟子曾经说过，在通往成功的路上，天时、地利、人和，三者必须兼具。

然而，刚刚结识安杰玛的时候，正是我深陷在内部的权力争战中，整个人最焦头烂额的时候。在天时、地利都不利于我的境地，偏偏遇到了最合适的人，这让我们险些失之交臂。

当时，萨干先生辗转托人，联系到了身为台湾品牌 CEO 的我，主动介绍了他的安杰玛植物芳香精油，以及来自法国的新型芳香自然疗法。

他曾经在很多渠道听说过我，对我在中国内地运营台湾品牌，并将之做大做强的过程十分了解，他真诚地希望能与我合作，将他倾注了一生心血的结晶带给中国人民。

说实话，法国精油对于经营了多年美容产品的我来说，完全是截然不同的两个领域。以我当时的认知范围，就算是再美丽的植物和花朵，也不过仅仅是能提炼出芳香的气味而已，至于从中提炼出所谓的精油，还能起到强身健体、养颜美容，甚至治病医疗的功能，那简直就是天方夜谭了。

不过，老先生的真诚打动了我，我从老人闪闪发亮的眼神中，感受到了他对自己研制的产品的自信，也感受到了他迫不及待想要让更多人分享到好产品的信念。我也是做事业的人，多年来阅人无数，我相信自己的眼力。所以，尽管我一时无法马上消化芳香疗法的专业，但还是对他介绍的产品表现出了极大的兴趣。

我并不羞于表现出自己的困惑，很认真地提出了自己的疑问。老先生非常耐心地一一为我解答，并赞许我是个勇于提出质疑的人，这是非常宝贵的品质。在他的眼里，一个做市场的人，只有对自己的产品足够理解和信任，才能全力以赴地去推广它，不遗余力地向广大的消费者分享好的产品。

一番交谈下来，我的为人和能力得到十分的认可。我也对这位睿智而诚恳的老人充满了好感。最重要的是，我有一种感觉，这个听起来有些难以理解的新型芳香疗法，只要通过适当的宣传和推广，一定能填补中国市场的空白，为广大消费者带来福音。这绝不是我一时头脑发热的冲动，而是我多年来对市场的了解和设身处地的践行所得来的判断力。

可惜的是，尽管我对安杰玛的产品颇为动心，但当时我毕竟还是集团的 CEO，根据我和台湾方面签订的雇佣合约，我不能在合同期间内推广品牌以外的产品。

所以，为了信守合作时的承诺，我只能遗憾地婉拒。

老先生眼神中充满了失望，但还是不放弃地对我说："安，我听说过你为那个台湾品牌做过的很多营销案例，我很欣赏你，非常希望能与你合作。假若我不通过你们现有的品牌的渠道，而只是单纯地请你以个人的名义代理我的产品，你觉得可以吗？我发誓，不论以后发生什么事情，我在中国都不会再找第二位代理，一切事宜都交给你全权负责。"

"很抱歉，根据我的合约，这是不行的，"我摇了摇头，如实地说，"我很看好您的产品，而且我相信缘分。所以，我祝您能找到比我更合适的代理人选，尽快将精油芳香疗法带到中国来。"

话音落下，我明显地看到，他的眼神中流露出孩子一般毫不掩饰的失望之情。

那一刻，不知为何，我的心中竟然有一丝的愧疚和不忍。

但是我并不知道，这位执着的法国老人，其实已经在中国前后考察了八个年头，目的就是为安杰玛在中国物色到一个最合适的总代理。他接触过各种各样的做市场的精英，但没有一个人让他满意。这位固执的老人分明是将自己的产品当成了待嫁的女儿一般，要为它找到一个各方面都堪称完美的意中人。

也许是要求太高，甚至有点苛刻，老先生足足用了八年时间，也没有找到一个他所谓的"有缘人"，直到听说了我的经历，面对面地了解了我的为人，他才意识到自己终于找到那个人了。

所以，尽管遭到了我的拒绝，萨干先生还是不遗余力地游说我，他甚至问我："安，您的合约还有多久？我可以等！总之，如果您将来合约到期，我希望您能把安杰玛排在首选。"

我有些无奈地看着老先生，虽然我当时心中已经知道，我的合约到期就是我要重新面对选择的时刻，我对自己未来的规划仍然是迷茫的，但有一点我可以确认，那就是我不想再为别人作嫁衣了，我不会再做品牌代理，我希望能创立自己的企业，希望不光做一个实干家，也能真正成为一个企业的灵魂人物。

但我也不忍心当面回绝这位执着的老人，便含蓄地对他说："我的合约还剩两年，如果您愿意等我，我们可以到时候再谈，您看如何？"

"好！那么一言为定，安，千万不要忘了我们之间的'两年之约'！"老先生的眼中重新燃起了希望，站起身用力握了握我的手。

送走了老先生后，我疲倦地瘫在椅子里。我知道，自己可能错过了一次很珍贵的机会，但我并不后悔，因为我有自己的原则和操守，在合约期间履行自己的职责，这是无可争议的事。我想，任何人都不会愿意和一个身事二主的代理人合作的。

至于和老先生之间的所谓"两年之约"，我只能无奈地一笑了之了。中国的市场这么巨大，好的产品向来是奇货可居。两年的时间，对于一个急于打开市场的好产品来说，实在是太久了。我相信很快就有德才兼备的人顶替我，将安杰玛的产品引入中国的。老先生应该很快就把我忘记的。

即便如此，在我的内心深处，还是记住了安杰玛这个名字，也记住了老先生向我展示的法国的"芳香王国"——宽阔的种植基地，纯净的自然生长，美丽的花朵海洋，科学的提纯工艺，严格的调和配比，散发着芬芳的精油，古老和现代的完美结合，神奇而不可言说的疗效……

也许，将来有机会，我会背上旅行包，去法国看一看充满神秘色彩的法兰西"芳香王国"。

接下来的两年，我依然终日陷在焦灼的明争暗斗中，时常觉得苦闷。令我有些意外的是，老先生并没有忘记我，他一直和我保持着联系，有时候是一封十分幽默的电子邮件，有时候是一些跨越千山万水邮寄而来的可爱小礼物，总是能让疲惫不堪的我欣然一笑。

因为工作繁重，我没有去关注安杰玛是否在中国找到了更合适的代理人。我想，虽然无法成为合作伙伴，但人生中有这样一位来自法国的忘年交，也未尝不是一件美好的事。

就这样，一直到了两年后，我的合约到期，也是我面临重新选择的时刻，我突然接到了法国的越洋电话。

在电话中，带着特有的法兰西的浪漫声音进入我的耳际："安，时间到了，你是否该兑现我们之间的'两年之约'了呢？"

我拿着电话，惊讶得久久无法发出声音。

没想到，我的一句玩笑话，这位法国老先生竟然认真了，并真的等了我两年，两年来，他终止了一切接触其他代理人的机会，安心地回到法国的基地，关门从事精油的研制工作，全心全意地守候着我跟他之间的"两年之约"。

即便隔着电话，我依然感受到了老先生真诚的合作愿望，面对着这样的盛情，我再也说不出拒绝的话。

在我过去的半生中，一直为了一个又一个的目标而拼命经营，因为我素来知道，机会从来不会幸运地砸到身上，只有用勤劳和汗水将自己磨炼得更加强大和有力，才能主动去攫住转瞬即逝的机遇。

而一位法国老人的出现，却令我深信多年的信条暂时失灵了。在我的事业最迷茫无措的时候，老先生仿佛一位驾云而来的神仙，将一个美丽的机会摆在我的面前，而且一摆就是两年。

两年前，我说我和安杰玛之间没有缘分，但两年后我才发现，真正的缘分是你怎么甩也甩不掉的宿命。

直到今天，我也说不清楚，究竟是我选择了安杰玛，还是安杰玛选择了我，我只能说，我和安杰玛之间，有着无法解开的缘分。

也许我的名字中的"安"字，就是我与安杰玛的最原始牵连，也许在很久远以前，我就与安杰玛有着剪不断、理还乱的缘分。老人一生都没有儿女，也许我就是那个他寻找多年的事业的传承者！爱，永远是不分国度的！

在电话中，我欣然接受了老先生的邀请，动身前往法国，去参观他曾经信心满满描绘给我的那个"芳香王国"。

从原来的品牌中全身而退，我如同一下子卸去了一块长久压在心头的巨石，整个人既轻松又有些说不清道不明的失落。所以这次的法国之行，我没有带着任何目的性，只想让自己放松下来，带着一份游玩的心情去走一走，看一看。

我不想兴师动众，随行人员也能简则简。2008 年的夏天，我和汪汪两个人启程飞往法国。

抵达巴黎后，我们并没有在这座世界时尚之都流连，而是在萨干先生的安排下，直接转程去了阿尔卑斯山脚下的阿尔贝维尔（Albertville），也就是安杰玛研究所的所在地。

阿尔贝维尔小城距离巴黎 700 公里，隶属于法国的瓦萨省，是1992 年冬季奥运会的主办城市。城内群山环绕，湖水如碧，远处蓝天下的皑皑的雪山，犹如神秘而美丽的神女，一座座中世纪的城堡就像是神女裙角上的花纹，古朴而宁静，此情此景，简直令人如同置身于童话世界中的仙境。

在阿尔贝维尔一下车，我和汪汪就忍不住闭上了眼睛，深深地吸了一口那略带清凛的纯净空气，这真令我们俩这种看惯了北京雾蒙蒙的天的人，心中不由自主地涌出浓浓的幸福感。

"在这里呼吸的空气，觉得自己的肺部特别舒服，仿佛呼吸道都干净了好多，"汪汪轻声说，"在这样的地方种出来的植物，一定也更加芳香纯净吧？"

我和汪汪在阿尔贝维尔小城住了一周的时间，这期间，老先生亲自陪同我们参观了安杰玛的工厂及研究院，并将安杰玛的历史娓娓道来地告诉了我。

两年来，我一直认为老先生是一个醉心于研究精油的老学者，是执着于推广自己研究成果的法国商人，直到亲自来到他的"芳香王国"，我才真正了解了安杰玛，真正了解了精油和芳香疗法的迷人之处。

说起安杰玛的历史，自然不得不提到它的创始人的故事：

六十多年前，一位来自阿拉伯皇室的青年来法国游历，青年爱上了浪漫的法国，也爱上了一位美丽多情的法国少女，他们在一起度过了一段短暂而美好的日子。但这段姻缘不被阿拉伯皇室所接受，在皇室的巨大压力下，这对相爱的情侣被迫分开了。青年恋恋不舍地回到了阿拉伯，少女则留在法国，独自抚养着他们共同孕育的儿子——萨干。

这就是老先生父母的故事。

　　他的母亲是一位非常坚强而隐忍的女性，她一个人抚养着年幼的儿子，受尽了苦累，但却从来没有抱怨。直到孩子成年后，母亲才将他父亲的身份和盘托出，使他不再纠结于自己的身世。但母亲也反复叮咛他，不要奢望着能从父亲那里讨得什么不劳而获的利益。

　　后来，他的父亲也是如今的阿拉伯亲王回到法国，与阔别多年的儿子相认。也许是出于愧疚，也许是源自血浓于水的父子亲情，萨干先生的父亲郑重地向他许诺，只要是萨干先生将来想要做的事，父亲都会在物质上给予全力支持。

　　不过，那个时候的萨干先生才三十岁出头，靠着自己的努力，有着一份小有成就的稳定工作，业余时间还是一名游泳运动员，尽管不是锦衣玉食，但也靠着自己的能力过得丰衣足食，他不需要别人的资助，也不愿意接受一位缺失自己前半生三十年的父亲的所谓"支持"，更时刻铭记着母亲的教诲，所以，他十分骄傲地拒绝了父亲。

　　身份高贵的父亲并没有因萨干的拒绝而表现出不悦，只是微笑着对他说："没关系，若是将来有一天你需要我，我随时会兑现今天的承诺。"

　　年轻气盛的他不会想到，父亲的承诺其实已经在他心中种下了一颗小小的种子，在不久的将来就会绽放出丰硕的果实。

　　几年后，只身一人来到阿尔贝维尔度假，一到了这座坐落在雪山脚下的美丽小城，他立刻被这里的湖光山色所深深吸引，忘情地在山路上流连、穿行。直到天色渐渐放暗，他才惊觉，自己已经"云深不知处"地迷路了。

　　天色越来越黑，年轻的他焦急地在崎岖蜿蜒的山路上徘徊，始终找不到下山的路。就在他苦恼地以为自己要在山里露宿一夜的时候，静谧的山路前方走来了一位美丽的当地姑娘。

他心中大喜，迫不及待地上前问路。姑娘非常热情，主动引路，一路上，两人相谈甚欢，这个美丽的姑娘名叫安妮，是一名女教师。分别时，两人都觉得意犹未尽，从未觉得漫长的山路竟是如此短暂。于是，他主动提出，能否邀请安妮做自己的旅行向导。

安妮欣然应允。

接下来的几天，两人每天都在一起，游览美丽的风景，畅谈人生和梦想……顺理成章地，两个情投意合的年轻人坠入了爱河。

一直独自在法国工作和生活的萨干先生，终于在另一个人的身上找到了爱情和生活的意义。甜蜜的爱情也擦亮了萨干先生略显疲惫的眼睛，他眼中的世界也变得无比美好，这座依傍着雪山、风景如画的小城、广阔而芬芳的植物海洋、肥沃的土壤、纯净的水和空气，不光令萨干先生深深沉醉，也涤荡了他浮躁的心和灵魂。

短短数天的阿尔贝维尔之行让他找到了一生挚爱，也令他平生第一次感受到了大自然的召唤，也第一次萌生出了一个令他心动不已的想法，他想要留在阿尔贝维尔，和安妮一生相守。不仅如此，他也想要把这座小城给他带来的芬芳和美好分享给更多的人。

经过了认真的思考和调研，他最终选择了自然芳香疗法。他要为自己和安妮在美丽的雪山小城打造一座"芳香王国"。

这是经过慎重和科学考虑的决定，更是发自灵魂深处的召唤。

也许对于很多中国人来说，自然疗法这四个字听起来有些陌生。但大家耳熟能详的中医，其实与自然疗法的理念有很多融会贯通之处。自然疗法的宗旨是应用与人类生活有直接关系的天然物质和方法，如食物、空气、水、阳光、体操、睡眠、休息以及有益于健康的精神因素，如希望、信仰和冥想等，来保持和修复人体受损细胞的一种健康科学艺术。

自然疗法最初起源于 18 世纪，是一种对西方医学的替代辅助疗法，一直到 19 世纪末才开始正式使用"自然疗法"这个标准的称谓。

芳香疗法则是自然疗法的一个分支，是利用从芳香植物中提取出的纯净精油，来辅助医疗和修复肌体的一种疗法。

芳香疗法起源于古埃及，高贵的古埃及王室就已经会利用精油来达到舒缓精神压力与增进身体健康的保养和医疗方式。古希腊则将芳香疗法进一步发扬光大，我们如今流行的"SPA"一词，就是指古希腊的芳香治疗胜地。到了古罗马时期，强大的帝国更是将芳香油膏带到西亚的君士坦丁堡。印度最为著名的《吠陀经》中，也提到了大量有关制作芳香精油的昂贵药材。

我国古代的名医华佗曾用麝香、丁香和檀香制成粉末，装入丝绸制成的面囊里，悬挂于室内，用于治疗呼吸道和上消化道疾病。

花卉还有吸收有害气体和净化空气的功能。比如腊梅花可以吸收蒸汽，减少空气中的含汞量；米兰花能吸收大气中的一氧化碳；万寿菊能吸收氟化物；石榴花能降低空气中的含铅量。

古往今来的一代代芳香疗法大师们，不断研制出更加高超的芳香精油技术，他们从大自然的各种芳香植物的不同部位中提炼出具有不同气味和颜色的精油，如桉树的叶、玫瑰的花、佛手柑的果皮等。这些精油由极其微小的分子组成，具有易渗透、高流动性和高挥发性的特点，当它们渗透于人的肌肤或挥发入空气中，进而被人体所吸入时，会对人的情绪和身体产生潜移默化的作用。

精油的浓郁芬芳不仅能安抚人的神经和愉悦心境，每一种植物精油还分别有一个特殊的化学结构，来决定它的香味、色彩和它与人体系统交互运作的方式，这也使得每一种植物精油都有一套特殊的功能物质，对人体的心理和身体机能产生不同的修复和提升效果。

芳香疗法既是人类对大自然的提升，也是大自然给予人类的礼物。只要能够善加利用，这份礼物一定能给人类带来巨大的福音。

萨干先生决定延续那些伟大的芳香疗法大师的事业，和安妮一起共建他们的爱与芬芳的王国，而且，他希望芳香疗法不再只是属于王室和贵族的疗养方式，而是能够造福更多的人，让更多的人享受大自然的恩赐。

这是一个非常美好的梦想，但实现的难度也是巨大的。

芳香精油的提炼过程非常复杂，要从花朵中提取一瓶纯正的精油，需要耗费的人力、物力和精力是不可估量的，成本的巨大导致它很难走入平民阶层。所以，萨干先生要做的第一个工作，也是最为艰巨的工作，就是利用现代科学来改善精油的提炼工艺。

这需要投入大量的科研力量，更需要大量的资金支持。

一直到了这个时候，想起了多年前父亲对自己的承诺，当时，父亲是那么的胸有成竹，或许真的是父子连心，父亲那么早就预料到自己的儿子不会甘于做一个普通人，他身上流淌着阿拉伯王室的血液，迟早有一天会想要成就一番事业，需要来自父亲的支持。

尽管觉得有些羞愧，但他还是勇敢地向父亲提出了求助。父亲不仅遵照承诺给了第一笔资金，在听完了两位年轻人的想法后，父亲更是无偿地给了他们一份阿拉伯皇室私藏的精油配方。

在父亲的大力支持下，他们在阿尔贝维尔创建了芳香精油研究所，潜心研究自然疗法和精油。经过十几年的努力，联合了五家法国的权威医院的实验室，与上百位的临床医生进行研究与实践，终于在 1973 年创建了安杰玛，由安杰玛推出的芳香精油一经问世，便立即风靡整个地中海沿岸，其配套的自然疗法更是受到了无数专业理疗师和客户的推崇。

到了 1980 年，仅仅创立了七年的安杰玛，其旗下合作的医疗研究机构已经遍及整个欧洲大陆。

四十多年来，安杰玛始终坚持崇尚健康能量的医疗理念，以坐落在阿尔卑斯山脚下的科研和种植基地为圆心，安杰玛在法国排名前五的医院内拥有自己独立的实验室和研发中心，以及三百多名来自各专业领域的专家、科学领袖，合作伙伴更是达到近千家。

毫无疑问，他们实现了自己最初许下的梦想，打造出了属于自己的"芳香王国"，他们一手创办的安杰玛，是当之无愧的欧洲新型芳香疗法的先驱者和领航者。

现在，几十年过去了，他们已经步入晚年，不再是当年的朝气蓬勃的年轻人，但心中对芳香疗法的热情之火却燃烧得越来越旺，他们不满足止步于欧洲大陆，而是希望将安杰玛的精油送入中国消费者的手中，开发出更加适合亚洲人身体机能的新型芳香疗法。

经过长达八年在中国深入实地的调研，萨干先生发现中国的消费者对精油的了解要比他想象中更多，很多消费者深谙中医的调养之道，对精油的接受度非常高，更有很多接受了西方思想和教育的中国消费者，会主动去购买和使用精油产品。

这个发现令老先生很欣慰，但他同时也注意到，中国市场上销售的精油几乎都是单方精油，无法直接使用，需要专业人士进行调配，不便推广及复制，有些精油原料良莠不齐，以次充好，效果也大打折扣。可以说，中国消费者对好精油的需求是远远大于市场的供应水平的。

这个调研结果，进一步加深了让安杰玛走入中国市场的决心。首先，安杰玛提炼的均是复方精油，每一瓶精油都根据客户的需要来规划精密的产品线，有调理胃肠功能的安畅精油，有养护心脏功能的安心精油、保护肝脏的安甘精油，有调理肺部的安菲精油等五行系列；同时，安杰玛结合了能量学及量子医学，开发出了更适合亚洲人体质的芳香疗法，充分考虑到了亚洲消费者的切身需求。

可以说，经历了四十几年市场和消费者考证的安杰玛，如今已经拥有了进入中国市场的一切条件，只差寻找到一个合适的代理人，来完成最重要的一步了。

幸运的是，两年后，我以为错过的缘分重新续上了。我来到了法国，亲眼所见、亲耳所听地真正了解了他们的故事，了解了他一手创办的安杰玛，我也无法抑制地爱上了这座美丽的"芳香王国"。

而且，这一次的阿尔贝维尔之行，我和汪汪也亲身体验到了自然疗法的神奇力量，感受到了人与大自然之间无法言说的神秘联结。

事情发生在萨干先生带我们去参观安杰玛的原料种植基地的路上。种植基地位于山脚下，萨干先生没有安排车辆，而是带着我们从位于山顶的住处出发，步行前往目的地。

刚一发现没有车辆接送，我的心里就有点不乐意，忍不住暗暗寻思：明知道我长得比较胖，平时也一直缺乏锻炼，体能比较差，现在竟然还让我步行下山和上山，他不会是在故意给我出难题吧？好在现在是下山，还能靠着重力而省点力气，等一会儿参观完基地，难道他还要让我徒步爬上山吗？我绝对是爬不动的。

年逾六十岁的老先生步履矫健地走在山路上，他并没有直接看我，但却仿佛捕捉到了我的心里话一般，微笑着对我说："安，我相信你一定能靠着自己的双腿完成这段路。首先，不要给自己预设立场，不要想着自己做不到，而是要放松心情，将自己的注意力放在呼吸上，感受自己的呼吸和心跳，全心全意地感恩大自然赋予自己的身体和生命，用自己的每一个细胞去体会沿途的美景，呼吸洁净的空气。我相信你，你也要相信自己，你的身体是能够负荷这样的徒步行走的。"

我的心情原本是很抵触的，两条腿也迈得不情不愿，没走几步就汗流浃背、气喘吁吁了。但是听到萨干先生如沐春风般平静的话语，说来也很奇怪，我的心情也渐渐放松下来。

接下来的路程，我按照萨干先生的话，放下心中对自己预设的立场，不去胡思乱想，而是专注地感受着自己的呼吸，用眼睛去看沿途的风景，用耳朵去听风的声音，用鼻子去嗅吸空气中淡淡的花香……

渐渐地，疲倦的感觉消失了，取而代之的是一种奇妙的舒适和愉悦，它们在我心底一寸寸滋生出来，迅速扩散到我的四肢百骸，令我的每一个细胞都在雀跃地跳动，如同感受到了来自大自然的召唤。

不知不觉地，我真的靠着自己的一双脚走完了漫长的山路，而且，我并没有觉得疲倦。

汪汪一直跟在我身边，她也惊奇于一向不爱运动的我的变化，而当行进到半路上的时候，萨干先生提议我们在一条从雪山上流淌下来的小溪边休息片刻。

雪水融化而成的溪水非常冰冷，我们坐在岸边都觉得有些打颤，萨干先生却毫不在意地脱掉鞋袜，赤脚走进了冰冷刺骨的水中。走了一会儿，他笑眯眯地招呼汪汪也下水走一走。

"不行不行，水太凉了，会生病的。"汪汪连连摇头。

"怎么会呢？"老先生歪着头，像个小男孩儿般认真地说，"你又没有下来过，怎么会知道水凉呢？我刚才跟安说过了，当你没有亲自去做一件事的时候，不要给自己预设立场。下来走走吧，这水非常干净，很舒服的。"

架不住萨干先生的"诱惑"，汪汪犹犹豫豫地脱下鞋袜，刚一走进溪水，她就瑟缩着尖叫："哇啊，好凉啊！"

"不凉，一点儿都不凉。"老先生神态自如地站在水中，"那是因为你心中一直在不断暗示自己水凉，你的身体能听到你的声音，所以它会比平时更加敏感，无法忍受一点点轻微的外界刺激。如果你不要一直提醒它们水凉，而是告诉它们，这是洁净的天然雪山水，它们一路流淌下来，不含任何杂质，还富有多种矿物质，不仅不凉，还非常健康，这样它就不会令你难受了。"

汪汪似懂非懂地看着萨干先生，但还是乖乖地深吸一口气，微微闭上眼睛，给自己做了一番心理建设。

等到她再次睁开眼睛后，便开始一步一步地在溪水中走了起来，一开始，她走得很慢，仿佛依然对溪水的冰冷很不适应，但很快，她就追上了萨干先生，两个人还在溪水中比赛看谁走得快，玩儿得不亦乐乎。

当汪汪走出溪水，穿上鞋袜重新踏上山路后，她的脸上飘满了健康的红晕，整个人都比之前有气色多了。她还悄悄对我说："王总，太奇怪了，我按照萨干先生说的去冥想了一番后，居然真的觉得溪水没那么凉了，现在我不仅不觉得脚凉，反而觉得全身都暖暖的，原来人真的可以和大自然、和自己的身体对话，真是太神奇了。"

回到酒店，老先生又给我做了一次真正的专业产品体验。为了缓解我的腿部的疲劳，老先生请我坐在沙发上，他单腿跪在地上，在我的脚部、小腿及膝盖部位，用肌肉放松精油轻轻地按摩，然后又用关节精油按摩，他在我的膝盖部位喷上协同 32 精油，最后用保鲜膜把我的膝关节包上。

不知不觉中，我竟然在老先生的按摩中睡着了，20 分钟后，老先生帮我把保鲜膜去除掉，然后让我站起来走一下。我感受到的是从未有过的轻松，我步履轻盈地在房间里走来走去，内心非常愉悦！同时老先生的敬业态度也深深地感动了我。

那天晚上，常年失眠多梦的我，破天荒地睡得非常沉，没有做梦，一觉到天亮。当我再次醒来的时候，觉得自己的整个身心如同经历了一次洗涤般，洁净而富有力量。

二 / 用生命前行

在阿尔贝维尔的研究所经过数天的考察，我们非常认真地核查了安杰玛的专利证书、原材料产地供应合同，以及十几年来安杰玛与当地医疗机构合作的临床理疗报告书等。

从一开始的不能理解，到渐渐接受，直到这次法国之行的亲身体验，自然疗法和芳香精油，终于在我脑中从一个虚幻的概念，变成了一个切实可行的事业蓝图。

合约到期之后，我的心情是失意的，对于未来也产生了迷惘。我希望能打造出自己的王国，然而却没有一种适合的产品和项目。

就在这个时候，安杰玛走进了我的生命里，通过实地考察和亲身验证，我彻底接受了自然疗法，也见证了芳香精油的魅力。

我毫不怀疑自己的判断，安杰玛就是我一直在寻找的理想项目，它不光只是精油产品，也不仅仅是一种理疗方式，而是一个完整的健康的产业项目，不仅仅可以创造经济价值，更具有造福于人民的社会价值。

萨干先生找到我，是希望我作为安杰玛在中国的代理商，帮助他将安杰玛引入中国。经过慎重的思考，我却产生了一个更加大胆的想法——我非常愿意将安杰玛引入中国，但我绝不能仅仅只是以一名代理人的身份接受这个项目。我不想将自己接下来的事业规划投注于去重复地做自己早已熟烂于心的事，我希望自己和自己的团队能在未来有所突破，更上一个新的台阶。

而这个新台阶的起点，就是我们不能再受制于人，我们要对自己的产品和项目拥有绝对的主导权，我们要打造完全属于自己的商业王国，我要拥有自己的品牌！

所以，结束了法国之行后，我给老先生的正式答复是——我要收购安杰玛的知识产权以及生产研发基地，将它彻底变成我的品牌，进而将它打造成一个以健康为核心的全方位产业链。

这个石破天惊的想法，对我个人和我的团队来说，都是一个巨大的挑战，对于老先生来说，更是一个无比艰难的抉择，这意味着他必须将倾注了自己半生心血的"芳香王国"交付于我，变成一个巨大的全新健康产业链的一部分。

我对任何好的东西都有着天生的敏锐度，收购安杰玛势在必行。

就像我当年决定成为一名日文翻译，便全力以赴地去学习；就像我热衷于房地产后，就恨不得不吃不睡地泡在房管所；就像我为了开起第一家 4500 平方米的专业 SPA，就不考虑回报地将自己的房子和资金都先垫付进去。我生来就是这样一个人，只要我认准了方向，就会不计一切代价地向前奔跑。

而且，如今的我已经不再是一个人单打独斗了，经历了长达数年在市场的历练，我深知企业拥有属于自己的品牌和核心产品的重要性。纵观世界上的知名大企业，哪一个不是拥有自己的核心技术，哪一个不是从生产到销售全部由自己掌握？只有完全属于自己的品牌和产品，才能更加全力以赴地去将它做大做强，也更能充分而自主地去完善每一个环节，具有更强大的市场竞争力。

我们虽然是一个从零开始的初创公司，但不论是我还是公司的高管，以及我们的团队，全都是经历了多年硝烟弥漫业绩拼杀的销售战将和精英，要把属于我们自己的企业做起来，我们不缺经验，更不缺人才，我们缺的只是一个具有市场潜力和价值的好产品，一个能让我们师出有名的大品牌。

只有这样，才能将我们和国内层出不穷的代理外国品牌的企业区分开来，才能让我们在同类产品中具有无可取代的优势，也在市场竞争中率先占据制高点，立于不败之地。

所以，我们将老先生研究了40多年的研究院收购下来，虽然付出了巨资，但对公司今后的发展无疑具有里程碑式的意义，是一举多得、势在必行的重大决定

在那个阳光明媚的上午，我们在研究院的会议室举行商业会议，我说出了我的重大决定，收购所有安杰玛产品的知识产权，包括研究院以及旗下300名医生及研发团队，这个谈判在愉快的氛围中，只用了15分钟，我们就达成共识！

负责担任此次法国之行的翻译杜先生事后感慨地告诉我，这次收购，是有史以来用时最短的合约签订仪式，我成为亚洲收购欧洲知识产权第一人，而且还是一位中国女性！

听到自己竟然一连打破了这么多纪录，我忍俊不禁地笑了起来，因为对于我来说，这是一件不得不去做的事情而已。

我们的法国之行收获巨大，去之前，我们还是茫然寻找着下一个事业目标的人，回来的时候，我们已经拥有了一个40年历史的"芳香王国"。

在不久的将来，我会将这个"芳香王国"顺利带回中国，让我的客户们和中国的消费者都能体验到芬芳自然疗法的魅力。

对此，我深信不疑。

然而，回国之后我却完全没有时间庆祝收购成功，因为首先摆在我面前的就是落实巨额的收购资金的大问题。在我们签订的合

同中，规定分三次付清 3 亿元人民币的收购资金，然而即便如此，首付款资金也高达上亿元。我手头根本没有这么大笔的资金，无奈之下，我低价变卖了几套北京的房产，算上我在银行户头中的所有存款，总算将首付款筹齐了。

但我手里也几乎什么钱都没剩下了，而接下来等着我去支付的，还有运营一个全新的创业公司所需的各种开销。那段时间绝对是我一生中最节俭的日子，任何事情都要精打细算，公司内部也制定了很多规章制度，严格杜绝浪费。幸运的是我的员工都能体谅我，并支持公司的战略目标，所有人齐心协力地勒紧裤带，共同熬过了企业创立最初的那段艰难岁月。虽然很辛苦，但也就是从那个时候起，企业的风气有了明显的改善，员工们都养成了勤俭节约、节能环保的好习惯。

很快，按照我的规划，安杰玛的精油和芳香疗法、理疗中心等，开始逐渐在国内各大城市按部就班地铺展开来，我自己也雄心勃勃地准备在全新的事业版图上一展拳脚。

然而就在我开足马力，力争将完全属于自己的商业王国推向新的高峰的时候，老天爷却跟我开了一个巨大的玩笑，一个致命的打击猝不及防地降临到了我的头上——我得了肿瘤！

自从收购了安杰玛开始，我就开始系统地学习和接触精油和芳香疗法，每一种从安杰玛研发出来的精油和理疗方式，我都亲自尝试，通过我自己的使用心得，来挖掘它在中国市场的潜力和推广方式。

在这个过程中，除了更进一步地了解产品之外，我也切身得到了很多的心得和体会，比如人是自然的产物，受损的人体细胞可以通过原生态和自然的疗法进行自我调整和修复，通过自我心理调节，也可以有效地预防疾病的发生。

曾经我做过肿瘤易感基因检测，我的子宫肿瘤易感程度是+++！但是我并没有介意，再次创业的激情让我把这个检测结果置之脑后！

当时，正是安杰玛全面转入中国市场的开拓阶段，我所有的时间都安排得满满的，每天都要开大量的会议、见数不清的人、商谈、演讲，每一天的行程表都是提前一周甚至两周就定好的。别说抽出半天时间去医院做检查，我每天连上厕所都要小跑着来回。

为了做全国巡回演讲，扩大安杰玛的影响力和名气，我整天像个空中飞人似的，不是在飞机上，就是在去机场的路上，忙得脚不沾地。

这期间，我了解到一台由俄国、美国、法国3个国家的科学家研发的能量检测仪器，可以让人提前3—5年发现自身重大疾病，做到早预防。我马上就做了一个检测，医生指出我的子宫有问题，需要马上到医院进行检查。可是，我实在太忙了，没几天，我就飞到了七月流火的重庆，做一场三百多人的演讲，推广安杰玛的芳香精油。

那天演讲的气氛非常好，观众对于安杰玛精油非常认同，我在台上也讲得慷慨激昂，非常投入，正说到动情处，我突然觉得腿上一热，明显感觉有一股暖流顺着大腿内侧流了下去。我还以为是在场的人多，我热得汗顺着大腿流下去了。

总之，我完全没往其他方面想。因为那些日子不是我的生理期，上台之前我也没有发现自己有任何身体不适的症状。所以我只是暗暗笑了一下自己的排汗量，就继续全情投入地演讲了。

讲着讲着，我突然注意到坐在观众席第一排的汪总有些不对劲，她举着一条围巾，紧张地冲着我挥舞，还不断焦急地往自己的裤子上指。我愣了愣，因为这是我和汪汪之间的暗号，在我演讲的过程中，一旦她发现现场有什么状况，就会举围巾提醒台上的我。

在汪汪的提醒下，我不动声色地低头往自己的裤子上看了一眼，这一看吓了我一大跳——我的裤子已经湿得完全贴在两条腿上了，幸好那天我穿的是深色裤子，看不出来，但我脚上的浅色袜子已经被血湿透了，我站立的舞台上也赫然留了一滩触目惊心的血！

天呐，这是我流出来的血吗？我心里咯噔一下，心想怎么会在完全没有知觉的情况下流这么多血？而且还是在舞台上，幸好我一直站在演讲台后，没有满台乱走，否则岂不是整个舞台都要血流成河了？

而舞台下，汪汪已经急得眼眶都红了，但现场有三百多名观众，每个人都沉醉在芳香疗法之中，一双双眼睛都期待地看着我，我根本不敢流露出一丝慌乱。于是，我只能又往演讲台后退了退，尽量把自己的下半身完全藏进讲台后，上半身也不敢再有什么大幅度的动作。

但就算我不乱动，血依然不停地顺着大腿往下淌，这样下去，台下的观众迟早要发现我的异常，众目睽睽之下，我绝对不能让这种事情发生。我不能继续在舞台上站着了，得赶紧下台去处理一下。

于是，我强撑着，加快语速，尽量带着微笑坚持把课程讲完，并把麦克风交给了旁边的一位重庆的总经理。

我脸上装作没事儿的样子，笑着对台下的三百多名观众说："接下来，有请下一位经理上台，跟大家分享他的经验。"

说完，我尽量侧身对着观众，大步走下舞台。

汪汪早已跑到后台等着我了，我一下了台，她立刻用围巾把我的下半身包了起来，哽咽着问我："怎么样？还能坚持走吗？"

"不能也得能啊。"我强撑着因大量失血而不断发颤的两条腿，在汪汪的搀扶下冲进了卫生间。

进了卫生间，我一屁股瘫坐在了马桶上，浑身发抖地把裤子脱下来，下意识地用两只手一拧，腥红的血水立刻滴滴答答地流了一地，我的裤子早已被血水浸透了。

这下我彻底傻眼了，就那么两腿两手满是鲜血地拿着裤子，可怜巴巴地看向汪汪。

汪汪的脸都白了，语无伦次地说："我、我这就去喊人！"

那天来听演讲的观众里，恰好有一位和我很熟的妇产科专家，她是我多年来的老客户了，这次是专程从深圳飞来重庆听我的演讲。

汪汪跑出去跟她简单说了一下我的情况，她立马来了，一看我的样子，她的眼眶一下子就红了，一句话也没说，转身走到饮水机旁边，接了温水来给我冲洗手上和腿上的血，一边擦一边眼泪像断线的珠子般往下掉。

我本来心情很低落，结果看到她哭成这个样子，我反而觉得没那么难受了，还反过来安慰她说："你是个妇产科大夫，女人生孩子哪个不是在鬼门关走了一趟，谁还不流掉几斤血？这样的情况你肯定见得多了，至于哭成这样吗？"

"那能一样吗？"她哽咽着回我，"你和那些素昧平生的病人不一样。"

我哭笑不得。因为突然大出血，我完全没有心理准备，接下来还有好几场演讲，我也不知道自己还能不能撑住，所以当时我满脑子想的都是接下来的演讲该怎么办，就没太去细想她的反应。

很久之后我回想那次的过程，才后知后觉地意识到，就像我安慰她时说的一样，她是个妇产科专家，她什么样的病人没见过？所以，她一看见我这种情况，就差不多已经猜到我得了什么病了。但她最终什么都没有说，只是嘱咐我要马上去医院检查和治疗，然后给我处理完血之后，她就默默地离开了。

说起来很不可思议，出了那么多的血，可是我一点都不觉得疼，只是觉得浑身都没有力气，仿佛有一股无形的力量把我的精神全都吸走了，我虚弱地坐在马桶上，脸色煞白，连站起来的力气都没有。

被血湿透的裤子不能再穿了，汪汪就独自奔回酒店帮我拿新裤子来换，还叫了几个随行的人来帮忙，一番折腾之后，我总算是被大家搀扶着回到了酒店，像一块肉一般被人摆放到床上。

汪汪把其他人都打发走后，就独自去洗手间帮我洗裤子。她洗了很久，一言不发，我也很安静地躺在床上，累得一动不动。房间里死一般的宁静，但我和她的心中却都有如惊涛骇浪般地翻涌着，因为我们俩都知道，如果我的血不能止住，这么无节制地流下去，就会有生命危险……

那天晚上，汪汪一直很紧张，她偷偷叮嘱随行的几个人说："你们晚上手机都别关机，医院也都打好招呼，如果过一会儿王总不出血了，我们明天一早就回北京，否则就得连夜送去当地的医院。"

幸好，当天晚些时候，我的血止住了。

第二天，我们乘坐早班航班飞回了北京。

飞机一落地，汪汪就送我直奔医院，因为我的下半身几乎没有力气，一路都是靠着汪汪搀扶。等到了医院的时候，汪汪也搀不动我了，只能找了张病床，直接把我推进了房间。

汪汪曾经在医院工作过，提前就帮我安排好，一到医院我就被推进了手术室。汪汪告诉我："别担心，不是要给你手术，只是从你子宫里取点切片样本，送去化验。"

我有气无力地点点头，什么都不愿意多想，反正汪汪是绝对不会害我的。

因为时间太早，医生还没来，护士把我推到手术室外面的等待室，就去忙别的事了。我躺在床上百无聊赖，浑身又没有力气，只有脑袋能左右转动着四处看，看了一会儿，我突然看到我的病历卡就挂在不远处，于是我就吃力地抬起手，把病历卡拿了过来。

病历卡上面用很清楚的笔迹写着：疑似子宫内膜腺肿瘤，二至三度，取样，送病例。

病历卡上的术语我不能一一看懂，但大致的意思我还是能明白的，"肿瘤"二字就像一把利剑，尖锐地刺进了我的心口。

肿瘤，我才四十几岁，竟然得了肿瘤？我就像被人从背后敲了一闷棍，脑袋里嗡嗡作响。

就在这时，护士长突然走了进来，一把将我手里的病历卡抢走了，很严肃地问我："谁让你看的？"

"就放在我手边，我就自己拿过来看了看，有什么不妥吗？"我心跳如鼓，脸上却尽量维持着笑容。

护士长警觉地问我："你看了吗？"

"还没看清楚就被你抢走了。"我还是一脸平静地回答。

护士长反复审视了我半天，直到她相信我没有撒谎，才不动声色地松了口气，把病历卡小心翼翼地放到了离我很远的地方，然后推着车把我往手术室里送，边走边说："没看就好，其实你也没什么大病，只是我们这里有规定，还没确诊的情况下不能让病人知道病情。"

我脸色苍白地笑着说："好的，我理解。"

进了手术室，医生给我打了一针麻药，然后按照病历卡上的要求从我体内取了样本。

汪汪一直守在门口，样本取好了以后，她等不及地自己亲自拿着送去病理检验室。

汪汪后来跟我回忆过，那是一些像白色蒜瓣一样的颗粒物，有些上面粘有一些黑色的瑕疵，表面十分光滑，看起来完全不像可怕的病灶，反而像某种艺术品。

但是汪汪看到我的样本，心情却格外的沉重，她一步一步走去检验室，那条路不过几百米，她却觉得像是走了一辈子那样漫长，心里充满了痛苦和恐惧！后来汪汪多次说过，送样本的那条路，是她一生中走过的最漫长的路。

一个多小时后，病理检测结果出来了，那是一种死亡率仅次于卵巢癌和宫颈癌的妇科恶性肿瘤。而且，我已经恶化到了晚期。

我不知道汪汪是如何接受这个噩耗的，她并没有把病情如实告诉我，只是柔声地跟我说："你没什么大事儿，就是有点炎症，有点肌瘤，先做几天消炎治疗，然后做个摘除手术，你要有个思想准备。"然后就云淡风轻地去帮我安排住院和下周手术的事了。

只是在她转过身去之后，我发现她的肩膀无法抑制地抽动了两下。我知道她是想要忍住不在我面前哭出来，怕给我增加心理负担。

然而她并不知道，我已经看了病历了。

其实，我也跟她一样，在强忍着内心的情绪，因为我也不想给她增加压力，更不想面对我们两个哭哭啼啼的场面。

就这样，我和她都忍着。快到中午的时候，汪汪还在处理医院的各种手续。我却躺不住了，因为从昨天演讲大出血一直到现在，我和汪汪都滴水未进，铁打的身体也不能这么煎熬着，于是我给我侄女打了个电话，笑呵呵地对她说："佳佳，我住院了，想吃甲鱼，你能炖两份甲鱼汤给我送到医院来吗？我和你汪阿姨还都没吃饭呢。"

她说："好啊。你等我。"

没多久，佳佳来了，看到我好端端地躺着，没缺胳膊也没少腿，她立马松了一口气，笑吟吟地陪我聊天。

我对她说："我的报告出来了，你知道是什么病吗？"

"什么病啊？"她关心地问。

"是肿瘤，"我平静地对她说，"佳佳，我不想瞒着家里，但你奶奶年纪大了，你爸爸身体也不好，所以我不能告诉他们，我只能告诉你。麻烦你心里有个数，如果我出了什么事，你要替我好好照顾奶奶和爸爸，知道吗？"

佳佳正笑着，听我这么一说，笑容还来不及收，眼泪就下来了，她哭着说："小姑妈，你骗我，我不信，你是咱们家最有能耐的人，是我心目中最棒的女强人，你不会出事的，不会的！"

我看着她，突然觉得心头一阵酸涩。但是我想跟她说的话都已经说了，现在实在没力气再说什么了。

佳佳哭了一会儿，自己也意识到不该在我面前哭哭啼啼，便强颜欢笑地说："小姑妈，您快吃甲鱼吧，汪阿姨那份儿我待会儿给她送去。"

我点了点头，慢慢地吃了起来。我就喜欢吃肉，打小就是，不吃肉不叫吃饭，我吃得很香，还称赞她说："这个甲鱼还真挺好吃，你的手艺真不错。"

佳佳又被我扑哧逗笑了，问我："小姑妈，您现在还能随便吃这些东西吗？"

我说："当然能吃！越到了这个时候，越是不能委屈了自己的嘴啊，能吃一天算一天！"

服侍我吃喝完毕后，佳佳的情绪也恢复了平静。临走前，她微笑着对我说："小姑妈，您刚才跟我说的话我都记住了，您放心。"

后来我知道，佳佳出了医院，就坐在门口的台阶上号啕大哭。哭够了才开车回家，到家见到她婆婆，又抱着婆婆痛哭了一场。

接下来，我就住进了医院，开始接受手术前的各种治疗和检测。虽然我什么都按照医院的安排，输液、吃药，但是我的内心一直激烈地斗争着。

我想，就算手术能保住我的命，也需要长期的术后复原，那就意味着我将无法再去应对高强度的工作，一旦我离场，刚刚开了一个头的安杰玛将无法继续进行下去，已经投入的资金和心血也将毁于一旦。

面对病魔和刚刚起步的新事业，我犹豫了，我真的要接受手术吗？若想活下去继续完成我的理想，难道就只有手术一条路吗？就没有别的办法了吗？

然而这些话我不能对汪汪说，面对她的时候，我必须装作对自己的病情毫不知情的样子，将心中巨大的压力和疑问掩饰起来。

就在我犹豫不决的时候，上天好像格外的照顾我，法国老先生再一次出现了，他是从汪汪那里得知了我的病情，马上给我打了一通越洋电话，开门见山地说："安，你生病的事情我已经知道了，我不会要求你拒绝手术，但我已经安排了几名法国的专家去往中国，他们会给你进行一次会诊，希望能对你有所帮助。"

我接受了老先生的美意。

法国专家为我进行了一次全面的会诊，之后，他们委婉地表示，目前我的各项基础指标都过低，尤其血色素特别低，希望我能暂时先不要手术，而是采用自然疗法来修复受损的细胞，补充能量，让体能以自然的方式有所恢复，并给我制定出了具体的治疗方案。

子宫内膜腺癌虽然是致死率排名第三的妇科恶性肿瘤，但却并不是最可怕的肿瘤，比起肝癌来说，它的治愈率还是相当高的。

不过，因为我的肿瘤已经到了最严重的晚期，所以治疗的难度也是非常巨大的，不光要求理疗师的全程陪护，还要从饮食到生活方式的全面调理和修正。但是，相比起手术，自然疗法对人体的伤害要小得多。

本来我一直在犹豫是否要接受手术，因为如果让我因手术而后半生有如废人一般缠绵病榻，那还不如让我一了百了来得痛快。

这次法国专家的会诊，简直就是给陷入犹豫中的我指明了一条路。

对啊，我不是决心要将自然疗法引入中国吗？我不是已经亲身体验过自然疗法和精油的魅力了吗？我不是自信地要将这些好东西分享给更多的人吗？现在，不就是我更深入地去和安杰玛的产品和理念进行"对话"的大好机会吗？

塞翁失马，焉知非福。或许，这场病并不是上天对我的折磨，而是对我的考验。

会诊结束后，我态度坚决地告诉汪汪——我要放弃手术，不做化疗和放疗，采用自然疗法来对抗病魔。

很快，我办理了出院手续，回到了家里，开始用自然疗法来对抗肿瘤的病魔。

当时我身边所有的人都不支持我的这个决定，甚至在我自己的内心深处，也对这个决定充满了怀疑。我相信自然疗法能让人变得更健康，也能治愈一些小病灶，但对于晚期肿瘤这样的恶性疾病，它真的能奏效吗？如果失败，等待我的将是彻底的功亏一篑。然而，我依然要这么做，因为我没有别的选择。

我不断地问自己，你要推广给中国消费者的安杰玛，真的有那么神奇吗？

我将用我的生命，去验证这个问题的答案。

三 / 因病得福

经过慎重的思考，我决定采用自然疗法来对抗肿瘤。

但在正式接受治疗之前，还有很多同样十分重要的事情等着我去解决和安顿，那就是刚刚起步的安杰玛的相关事宜。即便病入膏肓，责任感也会驱使着我兑现自己许下的承诺，完成自己没有完成的工作。

刚刚出院的时候，我的身体状况糟糕到极点，稍不留神就会大出血，四肢百骸全都没有一丝力气，连走路都吃力。

就在这样的情况下，老客户们的电话一个接着一个地打了进来，原来，我们在半年前的一次推广活动中，向跟随我多年的老客户们发出了邀请，邀请他们一起去法国的阿尔贝维尔，参观安杰玛的科研和种植基地。

如今我连开口说几句话都累到得要休息很久，这样的身体状况根本无法负荷去法国考察的行程，更别提还要全程安排客户的衣食住行，陪他们参观，为他们讲解。

但客户们都已经推掉了其他事情，空出了时间，就等着我兑现承诺，带他们动身出发了。

经商这么多年，不论遇到多么大的难题，只要我还有一口气，我都会拼尽全力去解决。可如今，我真的快要连一口气都没有了，这一次我不得不失约了，只能派其他人代替我，陪同客户完成这次法国安杰玛参观之行。

想到这些老客户多年来对我无条件的支持，推掉了许多重要的活动，只为了能跟我一起去法国看看我向他们描绘的"芳香王国"，我的心中充满了愧疚。

我不顾汪汪的劝阻，拖着虚弱的病躯，咬牙出席了法国参观团临行前的饯行会。

自从病倒后，我已经多日没有出过门，走在阳光下，整个人天旋地转般地晕眩，无力的双腿每迈出一步，都好像踩在绵软的棉花上，几乎要掏空我所有的体力，若不是汪汪始终搀扶着我，我根本没有办法走进会场。

最后出现在客户们面前的我，已经是狼狈不已，憔悴的面容，满身的冷汗，但我还是拼命挤出笑脸，对我的客户们说："亲爱的家人们，曾经的我常常跟你们说，只要拼尽全力，一个人总是能实现他的梦想的。但今天我却要很遗憾地告诉大家，一个人的梦想不一定都能实现。半年前，我的梦想是带大家一起到浪漫的法兰西去看一看，让你们了解安杰玛的科研和种植基地的现状和未来，对我接下来的事业充满信心。可惜如今我去不了了，因为我病了。假若我还能走，我都会义无反顾地陪你们一起去，但想必大家都看见了，我真的走不动了，连走进这间会议室，都已经耗尽了我所有的力气了。不过大家放心，我承诺给你们的法国之行不会取消，只是这次陪你们去的是我的员工。然而我的员工们也都是第一次去法国，他们也不太了解法国的情况，所以我无法预料大家这一路上会遇到什么问题，也无法及时为大家采取应对的办法。请各位看在我和你们多年情谊的份上，多多包涵。如果将来我的身体好了，我一定会把这次欠大家的承诺补回来，对不起大家了。"

说这些话的时候，我心里充满了愧疚和沮丧，恨自己的身体不争气，我也做好了心理准备，如果客户们不理解我，要求我赔偿他们的损失，我将毫无条件地答应他们，并竭尽所能地弥补他们。

当我说完这一长段话、精疲力竭地停下来的时候，却没有听到预期的抱怨和抗议声，现场安静得出奇。我环顾四周，看到客户还有我的员工们，都在无声地流着眼泪。他们看着我的眼神不是不满和愤恨，而是充满了痛楚和心疼。汪汪和李娜等几个团队骨干，更是哭得泪流满面。

看到大家的眼泪，心不禁揪了一下，他们根本没有怨我，甚至可以说，他们比我自己更心疼我，担忧我的健康状况，他们不会管我要什么补偿，他们只是希望我能活下去，希望我能重新站起来。意识到这一点，我的胸口一下子涌上了一股暖流，有这么多人都在牵挂着我，无条件地包容着我的缺席啊！

我无论如何都不能放弃自己，一定要和病魔抗争到底，因为，我是多么渴望能重新回来，跟大家一起不断攀越新的高峰啊！能有这样的客户和员工，我真的舍不得死啊！

这一天，结束了会议，回到家里，我心潮澎湃不已，暗暗下决心，一定要积极配合自然疗法的治疗。不过，为防止有什么不测，我也像电视剧里演的那样，偷偷抽出一张纸来，动手写遗嘱，因为我希望哪怕我不在了，安杰玛也依然能继续运转下去。

没想到我没写几笔就被汪汪发现了，为了照顾我的病，我手下最得力的两员大将——汪汪和李娜二人做出了明确的分工：李娜负责营业部；汪汪则搬到我家里，一天24小时全程照顾我并兼顾市场。

汪汪一把从我手里抢过遗嘱，哗哗几下撕得粉碎，那一刻，我感觉她完全没把我当成自己的顶头上司，而是一个偷偷犯错误的孩子，她严厉地质问我："为什么写这种不吉利的东西？难道你要认输了吗？"

我哭笑不得地说："我没有别的意思，只是觉得，万一我出什么事儿，希望你们不要乱了阵脚，能把公司继续经营下去。"

"说什么呢？你根本就不会有事儿的！"汪汪严肃地说，"你难道不记得萨干先生的话了吗？还没有发生的事，不要在心里给自己预设立场！只要我们都坚信你一定没事儿，你就肯定不会有事儿。以后你不要再写这种给自己负能量的心理暗示，你每天只要想着开心的事儿就可以了。"

我望着从未如此严厉的汪汪，心中却充满了感动。

随后，萨干先生安排了法国的自然疗法医生定期来为我进行治疗，但他们毕竟不能全天候地照顾我，对于我这样的病情，每个月一两次的专业治疗是远远不够的，还需要在饮食、生活起居和心境上做全面的改善。

我的身体已经不容许我再去想这么多事了，幸好有汪汪在。

汪汪在进入美容行业之前，曾经当过护士。自从接手了照顾我的工作后，她多次抽空飞去法国，在萨干先生的帮助下，跟专业的理疗师们学习自然疗法的精油按摩、音乐疗法等，很快就掌握了基本的理疗和护理技能。

我的日常生活调理，全部由汪汪一手操刀。按照专家的建议，我第一个要改善的，就是喝水。人的身体 70% 都是水，水是生命之源，如果每天喝的是最纯净的水，体内的水循环也将是良性的，能带走大部分的体内垃圾，长此以往，各个身体器官都会得以修复。

第二样要改善的就是吃。和喝水一样，我每天摄入的食物也必须是干净的有机蔬菜。汪汪每天都开车去很远的地方买农家刚采摘下来的有机蔬菜，我吃的每一顿饭都是她亲手烹煮的，她不放心让任何人来照顾我，甚至连洗菜都不用阿姨，而是自己亲手一根一根地把菜洗择干净，再采用少油少盐的方式进行烹煮。我平时最喜欢吃的肉，更是几乎不吃了。

除了吃喝之外，日常的护理汪汪也做得一丝不苟。

我是全中国第一个采取自然疗法来对抗病魔的人，能否成功，将对自然疗法在国内的推广起着至关重要的作用，所以我们每一个步骤都严格遵循着专家的意见。

记得汪汪第一次用法国带回来的精油给我做全身按摩时。屋子里放着自然疗法指定的古典音乐，我听话地趴地在床上，汪汪光着脚，将精油在她的手中搓热后开始在我全身按摩，力度由轻到重，一点一点施加。

我并不觉得有多舒服，也不觉得累，只是恍惚地听着音乐，任由各种念头在我的脑中自由地流动，不流连，也不执念，不知过了多久，突然有一些碎片般的意识涌入脑海，那一刻，就仿佛心里有个尘封已久的闸门突然打开了，一股温热暖流涌上眼角，巨大的悲伤和委屈一股脑迸发而出。

自从得知自己生病以来，我只觉得每天的时间都不够用，处理公司的琐事，安顿家里的事情，纠结着是否要动手术，愧疚着不能兑现给客户的承诺，每一天，都有无数的事情占据着我的思绪和时间，我连悲伤和哭一场的余地都没有。每当一天结束，躺在床上，想要放任自己哭一哭，没等眼泪酝酿好，我就已经昏睡过去了。难受、不甘、委屈、悲伤、泪水……所有的一切都被硬生生地压缩在内心深处，压得久了，就在我心头凝聚成一根针，我知道它就插在那里，但却怎么也拔不出来，只是一碰就疼得钻心。

没想到，第一次用精油按摩，闻着精油的芬芳，听着悠扬的古典音乐，这根针就自然而然地拔除了，眼泪像决堤的洪水一般不断流出来，我像个孩子一样抑制不住地放声大哭。

汪汪没有安慰我，也没有劝说我，她只是静静地继续给我按摩。等我哭累了，也哭够了，终于自己抽抽噎噎地停下来了，才觉得有点不好意思，红着脸闷声问她："我是不是哭得特别难听、特别丑啊？"

"怎么会？"汪汪善解人意地说，"王总，您早就该这样哭一场了，老一个人憋着，可不是要憋出病来吗？"

我下意识地按了按心口，感觉整个心情都畅通了，困扰了我多日的烦闷和郁结，似乎都随着泪水一起流走了。

那一夜，我睡得无比深沉，是生病以来睡得最踏实的一晚。

除了每天要做的精油按摩和音乐治疗，每两天我还要泡一次精油泡浴，泡浴的水温不能超过 38 摄氏度，在浴缸中滴入具有不同治疗功效的芳香精油，每次泡 20 分钟，不必想什么，也不必做什么，只是舒展身心地躺在浴缸里，任由充满精油芳香的蒸汽包裹住全身。

一开始的几次泡浴，我连十分钟都坚持不住，就热得喘不过气，但渐渐也就适应了这样的温度，而且每一次泡澡后，我都会大量地排汗，流出的汗液带有一股浓浓的酸腐气味。对此汪汪很担心，还专门打电话给法国医生咨询，医生在电话里特别高兴，他告诉我们，汗液有异味，这说明大量的毒素顺着毛孔排出了，通过皮肤排出毒素，这就是精油泡浴所能达到的最理想治疗效果。

医生还说，如果我不相信，可以多泡一段时间试试。果然，随着精油泡浴次数的增多，我排出的汗液中的异味变小了，这说明我体内的毒素也变少了。

洁净的饮用水和食物，精油按摩和排毒，感受呼吸，释放身心地度过每一天，这就是我在接受自然疗法期间每天重复做的事情。

渐渐地，我的身体明显地好转了，四肢都开始恢复了力量，说话的声音也重新有了元气。

当我再次去医院做检查的时候，医生难以置信地告诉我，我体内的癌细胞仿佛被控制住了，肿瘤不再增长了！

听到医生的话，我和汪汪当场就红了眼眶。自然疗法是有效果的，安杰玛的产品没有令我失望，我的身体真的好转了！

当然，仅靠我一个人的力量是做不到这一切的，在整个康复期间，我身边的每一个人都付出了巨大的努力。李娜带领着员工，辛苦地维系着企业的运转，功不可没。汪汪更是日夜不休地照顾着我的身体，也照顾着我的心情，我恢复了健康，她却瘦了一大圈。

自从我生病后，汪汪就开始每天记日记，厚厚的一本日记本写满了密密麻麻的小字，她每一天、每一段文字、每一句话，记录的都是和我有关的事，我说了什么、做了什么、心情如何，自然疗法的经过、我身体的每一丝细微变化，她都事无巨细地一一记录下来。

她一本正经跟我解释道："王总，等将来我们推广自然疗法的时候，这本日记就是价值连城的无价之宝啊，将是其他患者的希望，说不定这本日记能养活我后半辈子呢，我可一个字都不敢记错了。"

"那你就好好记吧。"我笑着回她。

其实我知道，汪汪是在安慰我，这些日子，她内心承受的痛苦和压力并不比我小，比起安杰玛和企业的未来，她更担心的是我的健康，我曾经无意中听到她和她先生通电话，她哭着说："赚钱和事业当然很重要，但如果王总不在了，我的精神之柱就垮了啊。虽然我每天都劝王总不要胡思乱想，可我自己却总是忍不住想那些害怕的事。我想尽量多为她做点事，把她每一天的生活都记录下来，其实也是在提醒我自己，不要老给自己心理暗示，要多去想好的事情。"

刚刚得病的时候，我一度觉得自己是世界上最不幸的人，新的事业蓝图刚刚铺展开来，命运却跟我开了这么大的一个玩笑，要彻底夺走我的一切，甚至我的生命。

即便接受了手术，我的身体也永远地不再完整，后半生将终日与病床和药剂为伴，无法再和我的团队同舟共济了。

如果我一直陷入这样的负面情绪中，那么一切真的就会回天乏术了，我的事业理想将就此夭折。

但我却是幸运的，因为我曾全力以赴去经营的事业，在我几乎就要放弃自己的时候，反过来救了我。萨干先生，我的客户们，我的团队，汪汪，我决心用后半生为之奋斗的健康产业，他们统统没有放弃我。

如今，我深信这场病不是上天给我的劫难，而是我的幸运。因为这场病，我真正验证了自然疗法的神奇功效。因为这场病，我也意识到，我的客户和团队都是经得起考验的家人，我们从来不仅仅是商业合作关系，而早已是密不可分的一个整体，一荣俱荣，一损俱损，不论到了任何时候，他们都不会放弃我，我也不会丢下他们。

我感恩出现在我生命中的每一个人。

在所有人的关爱和帮助下，我战胜了病魔，我又能重新精神抖擞地投入到工作中了。

因为生病和治疗，我耽误了太多的工作，等到病情有了显著的好转后，我立刻有了一种跟时间赛跑的心情，第一时间回到了战场，重整旗鼓，全力以赴地开展安杰玛的国内推广计划。

在身体能够承受的范畴内，我每天都给自己安排尽可能多的工作，装修安杰玛位于北京的基地，运营各地的自然疗法中心，全国巡回演讲，安排客户去法国参观游览……我真想每天都能有 72 个小时，恨不得把因生病而耽误的时间都补回来。

感受到我的心意，整个团队也全都干劲十足，大家都投入加倍的努力，每个人都希望自己能多做一点事，因为这样就能让我少一分担心。与此同时，汪汪也每天坚持继续用自然疗法为我巩固健康。

说来也奇怪，大病初愈的人应该依然是很虚弱的，但重回第一线的我，却从来没有过体力不支的感觉，不管白天做了多少琐碎烦心的工作，晚上回到家只要泡一个精油浴，全身的疲倦就都一扫而空，头只要一沾到枕头，立刻就能安稳地熟睡。

再加上坚持饮用来自山上的水，吃纯净的有机蔬菜，我失眠多梦的毛病也不见了，高质量的睡眠让我每天都有使不完的劲儿。

也许这就是自然疗法最大的魅力所在，它不光能消除病灶，还能在潜移默化中强化人体细胞，同时它所追求的愉悦心态，也能让人的心胸更为开阔，不会执着和沉溺于执念，能够有更好的心态去面对繁重的工作和压力。

除了烦琐而令人头疼的工作之外，也有很多令我开心的事情，比如我又可以到处做培训和演讲了，不管曾经历过多少失败和苦难，不论是被寄养在西安的孤独童年时代，还是在北京被排挤的少年时光，还是当日文翻译时那个贫瘠的青年，我只要一站到台上，就会自动迸发出十二万分的精神和能量，带着灿烂的笑容，用激情四射的演讲，给更多的人带来温暖和力量。

而经历了这场生死考验的疾病，如今的我，又有了更多的感悟和心声想要迫不及待地分享给大家，我希望那些深陷困境和被病魔所困的人，在听完我的演讲后，能重新燃起活下去的希望，也能像我一样，重新找回生命和事业的春天。

再一次邀请了所有安杰玛的加盟商的演讲中，现场的气氛非常好，所有人都被我的分享打动，大家目光中的信任深深地鼓舞了我。在演讲的最后，我动情地对大家说："感谢大家抽出时间来听我的演讲，也感谢大家多年来对我的支持，但今天，我想要跟大家分享的，绝对不是我一个人的经历和成就，安杰玛是我们所有人共同的梦想，甚至我的生命，也是因为有了你们，才能延续到今天。所以，请容许我借着今天的这个机会，跟大家介绍一下跟随在我身边，陪我一起打拼了二十年的员工，她们才是安杰玛最大的功臣。"

雷鸣般的掌声中，汪汪、李娜、马文君、傅超、刘玉香、韩淑芳、刘洋、王春凤、蒋丽娟、蔡宏劼、石玮……我的团队骨干们有些不好意思地陆续走上台，十几年前，当我们最初结识的时候，她们都还是一个个年轻气盛的小丫头，而如今，她们都已经是独当一面的铁娘子，十几年硝烟弥漫的商战，磨去了她们的青春和脸上的单纯，却让她们具有一种成熟女人独有的干练和魅力。

她们私下里取我名字里的"安"字，给整个团队取名为"安家娘子军"，每当看到她们的脸，听到她们熟悉的声音，我的心就莫名地踏实，身体里充满了力量。因为我知道，不论我做什么，走到哪里，她们都会无条件地支持我，帮助我将一个个脑海中的计划，迅速落地执行为现实。

我拉住为首的汪汪的手，深深地给我的"安家将"们鞠了一躬，哽咽着说："谢谢你们，谢谢你们陪我走过的二十年风风雨雨，接下来，我也希望能和你们一起走下去。"

直起腰来，我的眼角止不住地滑落下两行热泪，所有平日里雷厉风行的女人们，全都泪流满面，我知道这是幸福、喜悦、相互信任的泪水。

没有人再多说什么，十几年亲密无间的合作，令我们之间早已有了无须言语交流就有的默契。无论遇到多大的困难，都会一起勇敢地面对，都会渡过难关。

我和安家将的深厚情谊，深深地感动了台下听讲的加盟商们，从他们泪水涟涟的目光中，我读到了他们对我的加倍信任，安杰玛不光是一个有核心产品和自主知识产权的企业，更是一个充满了爱和情感的家，我们销售出去的，不光是一个品牌，更是一种信念，一种无可替代的精神力量。

品牌和产品令一个企业具有市场竞争力，而共同的精神信仰才是一个企业能团结一心、立于不败之地的更重要因素。

这场病，实在是给我带来了太多的福气。

在我病愈后，经过充分的酝酿和准备，我们将十几年来的所有新老客户都邀请来。我先感谢了大家十几年来对我的支持，然后将我生病的事告诉了大家，在众人关切而忧心的注视下，我微笑着说："请大家放心，我已经接受了自然疗法的保守治疗，如今，我的癌细胞已经被控制住了。非常感谢所有在座的家人对我的关心和支持，经历了这场病魔的洗礼，我对生命和生活都多了许多的感悟，接下来，希望大家能给我十分钟的时间，让我分享一下给了我第二次生命的自然疗法和芳香精油，我希望能在未来的人生中，大家也能跟我一样，重塑新的生命，也希望各位能跟我一起，将它分享给更多需要帮助的人。"

在客户们期待而好奇的目光中，我自信满满地开始了这场至关重要的转型演讲。

首先，我向客户们介绍了安杰玛倡导的健康观念——人体是世界上最完美的"仪器"，每个人的身体都天生有着极强的自我修复和再生功能。只是随着环境的污染和食品安全问题的加剧，我们让这部"仪器"花费了太多的精力去清除从口中进入的毒素，它几乎没有能力去进行细胞修复，得不到维护的细胞，就会滋生出恶性的肿瘤。所以，随着生活水平的提高，肿瘤的发病率也在同比例增长。

是药三分毒，一旦生了病，即便利用手术和药物去除的病灶，手术产生的创口、药物和激素造成的副作用，麻醉剂对神经系统的影响，对人体的次生伤害都是非常巨大的。所以，与其等到病来如山倒的时候再去亡羊补牢地医治，不如从现在起，每个人就开始改善自己的生活方式，喝纯净的水，吃干净的食物，利用精油的芳香和完全自然的调理，来重塑健康的身心，让人体这部大自然馈赠给我们的"机器"真正实现良性的运转。

接着，我自信地告诉大家，为了实现这个能够造福人类的愿景，我选择了来自法国的安杰玛，安杰玛致力于研发和推广自然疗法和芳香精油，已经有四十多年的历史，是风靡欧洲的行业领导品牌。

安杰玛的主打产品，就是具有各种治疗功效的芳香精油，以及辅助精油进行理疗的自然疗法、精油按摩、芳香冥想，等等。通过精油的细密渗透，摄入纯净的饮水和饮食，以排泄和排汗的纯自然方式，过滤人体内的毒素，改良人体自循环，重塑健康。

听到这里，很多客户都急切地问我："王总，继台湾品牌之后，您又要代理安杰玛这个法国品牌了吗？"

"不，不是代理！"我难掩内心的激动，自豪地告诉大家，"我已经亲自去法国参观和考察过，并和安杰玛的创始人进行了谈判，如今，我收购了安杰玛旗下的全部知识产权和旗下的所有产品的知识产权。如今，安杰玛已经是属于我们中国人的品牌了！"

现场静默了几秒钟，随即响起了雷鸣般热烈的掌声。

在我示意下工作人员将准备好的精油样品拿了出来，分发给每一名客户。

我诚恳地对大家说："过去的十几年，不管我取得了多大的成绩，终究不过是一个打工者，所有的成就都要归功于别人。如今，我终于真真正正地拥有了自己的品牌和企业了，很多过去没有机会去尝试的事，没能兑现给各位的承诺，我都会在接下来一一回馈给在座的各位。我知道，从单一的美容行业转战全方位的健康产业，这不光对于我个人，对于在座的所有人都是一个全新而大胆的尝试，我不会勉强大家一定跟随我，更不敢奢望大家永远支持我。也许大家暂时还不能接受这样全新的健康理念，也许大家对于安杰玛的产品丝毫没有兴趣，但我今天邀请大家来的目的，只是想要把这个给了我第二次生命的好东西做一次分享。而且，我还为大家准备了一份薄礼，现在分发到大家手中的，是具有不同治疗功效的安杰玛芳香精油，大家回去之后，可以按照美容师指导的方法使用，如果大家试用之后觉得效果很好，那么我欢迎大家一如既往地支持我和安杰玛，成为这个全新企业的第一批客户。"

演讲到最后，我诚恳地对大家说："我不会用情感来绑架大家，我们在生活中是朋友，但是在商言商，我承诺，我推荐给大家的每一款精油产品，均取材于法国及世界各地的种植基地，并融入了更适合亚洲人体质的配方，大家可以放心使用。我也承诺，我会在最短的时间内，邀请在座有兴趣的家人到法国去做客，亲自去看我们研究院和工厂。另外，我已经将我在北京的私人别墅装修成了会所，用于给我的客户提供专业的自然疗法项目。其实，生病后我最想跟大家分享的是，人生最重要的事情除了拼搏事业之外，还有用最健康、最自然的方式来享受生活。我和我的'安家将'们，期待着各位的回归和到来！"

说完，我深深地对着台下一鞠躬，客户们也回应给我热情的掌声，所有人都争先恐后地对我说："王总，我们所有人今天都是冲着您这个人来的。您放心吧，只要是您看准的产品，我们一定会全力支持到底。"

我和团队的真诚用心，安杰玛精良的产品，以及我用生命验证的疗效，已经足以赢得客户的心了。对于未来，我和我的团队充满了信心，要将安杰玛打造成一个关怀生命的健康能量王国。

四 / 殿堂级生命能量的领航者

2008 年，我将来自法国的殿堂级生命能量机构——安杰玛带入了中国，经过我和团队数年的努力，以其举世无双的卓越配方、全世界顶尖的医疗检测设备，以及自然物理治疗手法，一举成为全国高端自然疗法品牌的领航者。

2010 年安杰玛国际事业集团（香港）正式成立。

安杰玛完美尊崇健康能量为生命本源的理念，在法国和中国均拥有自己的独立实验室及研发中心，300 多名来自世界各专业领域的专家、学科领袖组成的专家团队，以及上万名相关领域的专业人员，为安杰玛国际事业集团输入了大量高品质的产品、尖端技术和优质的服务。

随着安杰玛国际事业集团的逐步壮大与跃变式发展，安杰玛已成功跃升世界闻名的医学健康管理品牌行列。如今，安杰玛已经是新型芳香疗法的代表、卓越品质的保障，以及高质量生活的领航者。

目前，安杰玛集团共分为三大版图——安杰玛事业集团、弘天生物和东方基因。

其中，安杰玛事业集团又分为五大链条，分别是：法国有机种植基地—研究院—中法生产中心—仓储与分装中心；中国教育基地—疗养基地群；专业 SPA 连锁—淘宝连锁—微商；儿童事业部—母婴教育—月子中心连锁；生物医美—自然疗法中心。

历经岁月的洗礼与淬炼的安杰玛，将源于自然、根植于自然的自然能量，与人类智慧创造的生物科技能量完美融合，致力于打造出一个完整的生命能量体系。

作为一个有"根"的企业，安杰玛云集全球顶级资源和技术优势，构建了一个航母级的健康能量王国，集种植、研发、生产、教育、服务、推广于一体的全产业链的健康事业平台。旨在为人们提供具有高科技、高有效、高保障，全面科学的生命医学健康管理，最大化地唤醒人体潜在的生命能量。

至臻品质，从培植每一株花草开始。安杰玛位于法国的有机种植基地始于 1976 年，凭借丰富的经验与高超的技能，保证了安杰玛的每种植物精华产品均为具医药性、化妆品性和营养性的高品质产品。自 1993 年起，这项品质的保证就通过了美国 FDA（美国食品和药品管理局）的认可和证明。基地始终推行保护自然与人文环境的政策，并得到了政府环境部的奖励以及 ISO14001 的品质认证。

位于法国阿尔贝维尔的芳香精油研究院，坐落在壮美的阿尔卑斯山脚下，这座曾在 1992 年举办过第 16 届冬季奥运会的城市，正是安杰玛的法国总部所在地。阿尔贝维尔的研究中心拥有欧洲有机产品生产资质，自有的科学研发团队和自主的知识产权。来自欧洲的运动学、植物学、病理学、生物化学、芳香疗法、自然疗法、妇科、儿科、骨科、心血管等各个专业领域的技术领头人，组成了安杰玛科学委员会，为安杰玛全线产品提供源源不断的技术创新与临床经验。同时，这里也是为专业运动员提供康复理疗的专业服务机构，安杰玛系列有机产品深受世界各地专业运动员的青睐。

除了种植基地，安杰玛还拥有最纯净海域中的研究中心和生产工厂。位于法国西北部的布列塔尼岬角上的 IROISE 海域，是 1988 年联合国教科文组织划定的世界生物圈保护区，这里被公认为是大西洋最纯净无污染的洁净海域，安杰玛布雷斯特海洋研究中心和生产工厂便设立于此。得天独厚的地理位置让这片海水拥有了独特的卓越品质，不仅具有多样的微量元素，还有超过 400 种不同种类的海藻分布在 IROISE 海域沿岸，这里也因此成为全欧洲海洋生物和天然资源最为丰富的海域，为安杰玛系列海洋产品提供了优质丰富的产品原料。

安杰玛在法国与中国均设有产品仓储中心与分装中心，拥有跨国界的输送渠道。位于法国阿尔贝维尔的仓储与分销中心于 1973 年 9 月份正式成立和对外开放，库存的管理完全实现电脑化，在货运管理上实行了整体海关管理，这使得安杰玛的系统订单、发货，即使是面向全世界的出口，均可迅速完成。上海仓储与分装中心的成立，接力法国向中国与亚洲地区输送安杰玛的精油产品。如今每一个加工环节也都实现了全方位的电脑化质量控制，以保证安杰玛产品高品质的稳定性。

顶级的产品研发团队，历史悠久的品牌传承，自然纯粹的地理环境，成就了安杰玛精油产品的卓越品质。安杰玛事业集团以产品为依托，以服务为导向，将大自然赐予的精油能量传递给每一位热爱生活。注重健康的人士。无论是在高端定制的度假疗养服务中，私人奢享的会所里，还是大众的日常健康护理中，安杰玛精油产品都将成为不可或缺的生命能量源泉和生活伴侣。

除了拥有数百家发展态势良好的线下实体专营店外，安杰玛还积极响应国家号召，依托安杰玛国际实业集团的雄厚实力平台大力推广"互联网＋线上天猫旗舰店＋淘宝专营店＋微信商城专营店"的健康产品销售为主，结合线下"健康疗养服务"为辅的联营模式，利用已有的线下优势，链接全国各地的 SPA 会所及疗养基地，致力于把安杰玛电商平台打造成第一个在互联网上印证 O2O 模式的第一品牌。乘着电子商务的东风，安杰玛的产品销售与品牌影响力必将跨上新的高度。

与此同时，安杰玛旗下的母婴事业部，更是秉持着"用能量守护未来"的崇高理念。我们拥有目前世界上规模最大的月子中心及规模化的母婴专业培训。依托安杰玛母婴产品运营与月子中心连锁，形成全新的健康产业链。专为 0—12 岁的孩子和妈妈们提供系列母婴产品以及系统性健康管理服务，体验式的月子中心更可帮助时尚妈妈们"修型和修行"，实现多维度的产后修复，为妈妈的生命能量提供源源不断的补给。安杰玛儿童事业部已与法国知名母婴专家 Sonia Krief 团队开战全面的专业技术合作，同时与集团旗下的弘天生物联手，针对新生儿与妈妈们，诸如基因检测与存储、细胞存储与治疗等各类生物科技高端服务项目，提升母婴健康管理服务水准，成为国内母婴健康管理行业的新标杆。

目前，安杰玛在法国、北京、上海、深圳和香港的五大平台，为全国 500 余家高端 SPA 会所输送全家庭型的产品与健康管理服务。以纯天然植物精油产品和自然疗法体系为专业基础，安杰玛全线产品从研发生产到终端服务培训都保持着法国的原汁原味，充分帮助到各个高端 SPA 会所为尊贵客人提供由内而外的兼顾人体内环境修复重塑和外部保养等生命能量服务。

在大力发展和经营的同时，安杰玛更是视教育为企业永续经营的最重要根基。安杰玛多年来持续不断地践行教育事业，拥有最完善的教育体系：市场教育、产品教育、电商学院，涵盖新型芳香疗法、保健护理、整体自然疗法、健康管理、心理保健、礼仪、企业管理、电商运营等专业。安杰玛位于北京和上海的教育基地，不仅将深厚的资本运营与精进专业的团队执行管理经验，通过持续的教育培训、加盟管理规范等方式给予传承，更是意在推动中国健康管理行业的全面提升。

在法国巴黎的近郊与南特，安杰玛拥有两座私属城堡——法国南特的 Pervenchere 城堡与巴黎 Fontenailes 城堡。作为路易十四的城堡与后花园，这两座历经百年风雨的中世纪古堡，一砖一瓦在历代城堡中均得以传承，广阔的原始森林也被尽可能完整地保留了下来，为来自全球的尊贵客人提供休闲度假与健康疗养等服务。还建立了对华的留学生公寓，搭建起中法沟通的桥梁，为中国赴法留学的学子提供境外服务，创造学习与工作的机会。

宏伟的古堡，一望无际的草地，茂密富饶的森林，幽蓝美丽的湖泊，这里风景优美，气候宜人，专门用于安杰玛的度假基地和内部使用，为来自全球的安杰玛加盟商及合作者提供健康美好的度假疗养服务，以感谢他们在安杰玛的事业进程中所给予的信任与支持，贡献的智慧和力量。

安杰玛在国内渐渐有了名气，也在不断创新中实现自我超越：从保健领域到尖端医学领域；从基因检测到免疫力提升；从普通疗养到度假式疗养；从国内疗养基地到国外疗养基地建设；从单一产品到一站式服务；从实体营销到网络营销；从人才招聘到人才培养；从满足消费者到引领消费者；从营销广推到品牌推广；从规划想象到构建蓝图；从运筹帷幄到决胜千里……

安杰玛以 360 度全方位服务模式，面向全年龄层全家庭型的服务终端，实践着中国人的生命梦想，运用高品质产品，专业优质的服务为人们生活注入源源不断的生命能量。

第五章　玫瑰人生

一 /　我和我的安家将

在不断构建事业王国的过程中，我也不断强大着我的团队：安家将！

二十几年来的商场打拼，我一直信奉这样一个信条：女人一定要独立，这份独立不光是物质上的自给自足，更是精神上的强大，不依赖于他人。我的安家将中都是女将，各个都能够独当一面，她们的一点一滴的进步都是我的骄傲！

在我独立经商时，我始终都是一个人在国内外单打独斗，靠着我多年的不懈努力，我取得事业上的成功，让我拥有了衣食无忧的生活。

我曾经当过接线工人，做过日文翻译、导游，还炒卖过房地产，也曾一个人在世界各地游荡，见识过令人目眩的大千世界；我吃过奢华无比的西餐，也喜欢吃二十块钱一盘的酱肘子，睡过昂贵的五星级酒店，也住过 10 平方米不到的冰冷小平房。

我和各色不同的人都打过交道，爱过，恨过，得意过，也失意过，曾经赚得盆满钵满，也曾经被骗得血本无归，因为我总是不断地在奔跑，把一天当作两天用，拼命去体验各种各样的人生，所以，到了三十岁的时候，我总觉得自己好像比别人走过了更加漫长的路，见过更多的世面。

不过，一直到买下琉璃厂的老宅、认识汪向晖之前，有一件事我却从来没有经历过，那就是与人合作。

在加入自然美之前，我是一个自由职业者，从来没有跟人合作过，更不知道"团队"为何物，因为我一个人完全能把所有的事情都处理好，根本不需要只会给我添乱的搭档。

自从步入美容行业之后，我不得不承认，所谓的天下，就不是我一个人能撑得起来的了。

我当时把我自己的房产，装修成北京最大的美容院，我想要做就做到最大，更要做到最好的！我一个人开一家400平方米的美容店，我要应付每天如流水般来去的顾客，要维持店面的运营，我需要前台接待员、需要大量技术精良的美容师、需要保洁人员、需要运货的搬运人员、需要销售人员、需要财务人员，也需要商谈人员、需要管理人员……

要搭建起一个庞大的商业王国，我需要一个团队，一个拥有着统一信念的团队，团队里的每一个人就像大厦基石上的一块砖，看似微小，却缺一不可。

当年怀着开创美容事业、跟我抢租店面的那个女孩儿汪汪，也就是后来跟我一起闯天下的汪向晖，创业最初，我就和她一起，招来了我们团队中的第一批员工。也许是美容行业的特色，我们招来的清一色都是娘子军。

因为从来没有做过团队的领导者，当年我和这些姑娘年龄相差也不大，所以一开始的时候，并没有人叫我"王总"，我们所有人都以姐妹相称，不管是工作还是私下里，大家相处得就像一家人一样。姑娘们都喊我"大姐"，我就把她们当作"妹妹"，彼此之间完全没有老板和员工的上下级概念。

我们一起从零开始，从一点一滴地积累，不知不觉就一起走过了二十多年，这期间，有些人离开了我们，又不断有人加入我们。而最令我感动的是，如今跟在我身边的骨干和中坚力量，几乎都是从一开始就跟随着我的人，在二十几年的并肩战斗中，我们不光是伙伴，更是战友，在一场场硝烟弥漫、虽然没有死伤却同样惊心动魄的商战中，我们磨砺出了无人能及的默契，也建立起了深厚的感情。

一直到了今天，我都是真心喜欢这些和我一起工作的姑娘们，就像对待自己的亲妹妹和女儿一样珍惜她们。经营美容院的时候，每天下了班，我都带着她们一起出去吃饭，一开始的时候只有三四个人一起，后来团队不断壮大，每餐饭都有十几个、二十几个……

姑娘们在一起总是叽叽喳喳，谈天说地，嘻笑打闹，我实在是太喜欢那种热闹和不分你我的气氛了。

熟悉我的人都知道，我这个人最大的爱好就是吃，年轻的时候更是无肉不欢。刚开业的那几年，因为店里人手不多，只要我有空，每天都是我亲手给大家做饭。我给她们熬粥，做汤，包馄饨，就算店里客人再多，我都让她们按时吃饭，生怕她们吃不好，得胃病。后来生意越来越好了，人也越来越多了，连我都要充当店里的工作人员，每天忙得脚打后脑勺，不能再亲自做饭了，我就出钱雇了一个厨师，专门负责给我们做饭。

我甚至感觉，我是把自己曾经渴望从母亲那里获取的母爱，都给了她们，极尽所能地呵护她们。

当然，她们回报给我的更多。

最初的时候，我完全没想到事业能发展成今天的规模，成为拥有上百家覆盖全国的美容健康机构的集团公司。梦想都是在做事业的过程中不断被激发出来的，并在现实中不断调整，一步一个脚印地走到今天。

和这些年轻的女孩儿们在一起工作的日子，是我生命中最美好的记忆。每当夜深人静的时候，我总爱回想创业初期的那些点点滴滴的过往，时常想得忍不住咯咯地笑出声来。

美容院刚开业的时候，看到别的美容院门口都摆着花儿，我也学着人家去买花，还闹出了个大笑话——我去附近的花店，看见地上摆着两大桶黄色的菊花，开得黄灿灿的，很是漂亮、扎眼，我就指着这些菊花，豪迈地说："我都要了，能便宜点儿不？"

人家看我一副财大气粗的样子，还真给我打了个折。我捧着两大桶黄菊花，乐颠颠地回到店里，自以为是地放在美容院门口，进屋后，我还喜滋滋地跟大伙儿说："我买了两大桶花儿，特别漂亮，摆在店门口了，这回咱们店门口也不比别人差了。"

几个小姑娘叽叽喳喳地涌到门口，其中一个小姑娘伸头一看，马上回身对我说："大姐，赶紧拿走吧！"

我不解地问："为什么呀，不是挺好看的吗？"

她笑得前仰后合，乐不可支地对我说："只有死人才供菊花呢！"

我愕然了好几秒，也忍不住扑哧一声笑出声儿。

类似这样因缺乏生活常识而闹笑话的事儿还发生过很多，我从来不把姑娘们当员工，她们也不像敬畏老板一样疏远我，我们在一起有什么话都能直接说，从来不藏着掖着，所以我们的生意发展得很快，因为没有什么问题是能隔夜的，大家总是三下五除二，七嘴八舌地争抢着就把事情解决了。

每个人都把公司当成自己的家一样，所以，每当有员工要离开的时候，我总会有一种失去家人般的伤感。

记得美容院刚开的头一年，有一个跟我们一起工作了将近一年的、说话温温柔柔、长得也很清秀的姑娘，有一天突然红着眼眶来找我，对我说："大姐，我想辞职了。"

我特别意外，不理解地问她："为什么呀？你在这儿不是工作得很高兴吗？"

"是啊，在这里工作的日子，是我这辈子最开心的时光，可是，我在这儿工作挣得太少了，我没办法养孩子。"姑娘悲伤地对我说，眼中泛着泪光。

她高中毕业就和男友偷尝了禁果，并且有了孩子，孩子后来被男方领走，但是她每个月要给孩子汇款，承担抚养费。那时我给她每月五六百块钱的工资，这在二十年前已经算是不少了，但她觉得自己亏欠了孩子太多，没有别的办法来弥补，只能多给孩子一些钱，让孩子过得衣食无忧。

这样一算，每个月五六百块钱就显得捉襟见肘了。

我非常真诚地想要挽留她，对她说："我每个月给你加两百块的工资，你看怎么样？再多的话我就真没办法了。"

姑娘的眼泪像断线的珠子般往下掉，羞愧得不敢抬头看我，轻声说："对不起，大姐。我的一个朋友帮我找了一份歌厅的工作，一个月能给开至少两千，为了我的孩子，我不得不……"

我再也没说什么，只是心疼又心酸地看着她，歌厅是什么地方？她这样文弱的小姑娘去了那种地方，简直就羊羔落入了虎口。我打心眼儿里舍不得她去那种鱼龙混杂的地方工作，但她去意已定，我说什么都没有用，只能让她走了。

那是我第一次经历员工离我而去，看着她的背影消失在门口，那一刻，我心中的感觉就像是与亲人诀别，我知道她将踏上一条无法回头的路，然而我却无能为力，当她走出去关上店门的那一瞬间，我崩溃地趴到桌上，"哇"的一声哭起来。

幸好那时美容院已经下班了，偌大的店内只剩下我一个人，我号啕大哭，哭得特别伤心。更让我难受的是，我知道这将不会是我最后一次为了她们的离去而伤心，只要这份事业还要继续下去，将来我无法避免地会经历同样的离别。

我只能暗暗下决心，一定要把事业做得更好，给姑娘们更多的物质回馈，让她们不要为了那点钱，去出卖自己的青春，让她们能真正地靠着事业来实现自己的梦想和价值。

我曾经把这个经历说给一个同样做事业的朋友听，对方听完后笑着对我说："没错，我们做生意做到最后，就会发现，其实不是为了自己在做，而是在为了别人在坚持。"

当然了，身为一个企业的管理者，我也并不总是一个满面笑容的大姐，我也有所谓的"老板"无情的那一面，我也曾炒过员工的鱿鱼，但这种情况极其少，这么多年来，被我开除掉的员工也不超过两位数。

不论一个员工的工作能力多强，业绩多棒，只要是欺骗客户、手脚不干净、品行不端者，我就会毫不犹豫地将其辞退。

后来，随着事业的越做越大，分店如雨后春笋般在北京乃至全国各地开起来，我手下的员工数也呈几何倍数增长，最高的时候，我们旗下有上万名的员工。

面对这么大的摊子，这么多的人，我就无法一一去直接管理了，只能明确分工，通过分层管理的方式，将权力分交下去。

汪汪、李娜、马文君……这些从二十年前就跟着我的人，渐渐都成了公司的骨干，她们不再亲力亲为地冲在第一线，而是成为公司的管理者，每个人都负责一个销售区域，带领着各自的团队，她们之间也慢慢地在不断地磨合，不断地成长。

　　我在全国各地洽谈、演讲、考察、开会，在店里的时间越来越少，事业虽然蒸蒸日上，我和团队却渐渐有了距离。

　　感受到我和员工之间、我和管理层之间的距离，管理层之间因竞争也会出现相互的明争暗斗。当一个企业坐在金字塔顶端的人，开始和下边的人拉开距离的时候，当下面的人开始跟隔着心的时候，那么不管这个企业表面上的业绩多么出色，内部也已经发出了危险的讯号。

　　我不希望自己一手建立起来的团队走下坡路，更不希望每个人之间都隔着心，对彼此充满敌意。然而此时公司的规模铺得越来越大，我没有办法顾及每一个员工，二十年来，我累积的也都是商场和市场的实战经验，对于安抚人心这件事，我的所知就显得捉襟见肘了。按照我一贯的做派，手底下的人有心事了，我只会带着她们去吃饭、唱歌、跳舞，再不行就带她们去购物，但这些方法都治标不治本，已经不再适合现在的情况了，我实在是无计可施了。

　　但是没关系，我并不因此而灰心，因为这毕竟不是我的专业领域，一个人的能力是有限的，没有哪一个企业的领导者是全才，遇到自己不擅长的事情，就虚心去向有经验的专业人士去学习就好了，所以我开始去报名参加各种企业管理和培训的学习班，以及各种提炼心灵的课程，学着用更加科学和专业的方式去管理企业。

　　出乎我预料的是，这些课程不光让我系统地学习了管理企业，更打开了我自己的心房，放下了内心深处对于家人、对于情感的种种执念，放下了耿耿于怀的纠结，而是用爱和包容去面对世界，令我仿若新生。

　　当我再次面对我的员工时，我的整个心态都和从前不一样了。我找回了二十年前的初心，我不再是她们的"王总"，而是她们的大姐、妈妈，我希望一切都能回到最初的状态，我们每一个人都不仅仅把公司当成是自己工作的地方，而是把这里当成自己的家，把工作当成是自己的梦想和责任。

我特意把各家店铺的主管都邀请过来，我激动地站在椅子上，大声地告诉大家，我们的企业不是我一个人的，而是大家跟我一起一点一滴打造起来的，在座的每一个人，都是这个企业的功臣，在过去，由于不断地想要把企业做大，有些地方我没有做好，忽略了大家的感受，希望大家能原谅我。现在我给大家道歉，我希望大家能跟我一起面对和承担未来的所有荣辱，把我们共同的事业做大做强。

我站在椅子上，真诚地给大家鞠躬道歉，并放了一首《感恩的心》，和大家一起轻声唱起来，一曲结束，我们所有人都情不自禁地抱在一起，掉下了眼泪，每个人都忍不住回忆着过去的点点滴滴。当企业困难的时候，大家一起齐心协力撑过去；当企业强大了，大家聚在一起开心地举杯庆祝；为了完成一场场活动，所有人都上紧发条，加班加点地赶工；当面对外界的质疑和刁难时，我们更是团结在一起。

一根筷子轻轻被折断，十根筷子牢牢抱成团。我可以自信地说，我的团队中的每一个人，都是最优秀的干将，然而包括我在内，任何一个人单独出去都做不出这么大的事业，我们只有同心同德地紧紧抱在一起，才能走过风雨，屹立不倒。

经历了几次心灵的沟通，公司里的气氛果然有了显著的改善，不过，任何事情都不会是一劳永逸的。

为了让员工的心永远都能紧密地团结在一起，接下来，我坚持定期地去参加各种培训和学习，了解各种不同的管理理念。源源不断地将各种理念注入自己的企业，树立起牢固的企业文化。

渐渐地，企业的凝聚力越来越强了。但我永不满足，不光我自己要去学习，其他人也要亲自去学习。我觉得收效巨大的课，就会组织员工一起去上。

任何事情都是如此，听人转述和自己亲身体会的效果截然不同。而且，当我和员工一起坐在课堂里，同样以学生的身份去虚心地学习，那一刻，我和员工之间的距离也拉近了。员工们不会再觉得我是高高在上的王总，而是和她们一样，是要靠着不断学习才能继续攀登高峰的人，这样，员工的学习兴趣就更强了，干劲儿也更足了。

我发现，只要是我亲自带着员工去上的课，收到的效果都非常大。

有人会问：所有的课程费用都很高，用得着这么多人都去吗？

我只想说，安杰玛能取得今天的成就，都是因为注重员工培训，不仅仅是技能培训，还有管理销售的培训；不仅仅是请进来的培训，还有走出去的培训。是聆听过顶级大师的授课才让安杰玛普通的员工拥有了非凡的眼界，并和其他美容店的员工有了区别。所以，我从不后悔在培训上花费巨资。

多年间，企业内组织的学习活动，都由我带亲自带着骨干员工去参加；在我生病后，体力大不如前，在应付高强度工作之余，再没有精力全国各地去参加学习班，我就直接把专业的培训团队请进我们的企业内部来。

老员工会定期参加学习，一来舒缓他们的工作压力，二提高他们的能动性，好的拓展活动，也能拉近员工直接的距离，增加对彼此的了解，让以后的工作和合作都更有默契；新员工进入公司第一件事就是进行培训和学习，让他们充分了解我们的企业文化，适应我们的工作强度，磨炼心志。

当企业前进冲锋的时候，领导者要冲在第一排；当事业有一定规模的时候，领导者要站在队伍的中间，带领大家一起奔跑；当企业发展到一定高度的时候，领导者一定要学会放手，要虚心地退到最后一排，让员工去冲，让老员工带着新员工跑。只有懂得放手，才能令员工真正在工作中找到自己的价值，员工只有实现了自我价值，才能对一个企业有真正的归属感。

而一个管理者，也只有真正站在后面，才能看清楚员工究竟能发挥出多大的能力，也能第一时间发现队伍中有什么问题，如果有人掉队了、出错了，你也才能第一时间采取方式去弥补。

2003 年，我带着手下的第一团队集体去深圳上陈安之还有徐鹤宁的课。

去之前，在我的字典里，我是中国美容行业里做得最棒的，在教育界和演讲界我也排得上前列。

直到上完这次课之后我才明白，我不但不是最棒的，我连最胖的都不是。

记得当时陈安之说："你要想做一件事，首先自己必须要喜欢，这样才会全力以赴，才不会遇到一点困难就打退堂鼓，才会成为行业的第一名。当你是行业的第一名的时候，你就不用担心自己是否会成功，你也不会担心自己能不能赚到钱。当你是行业第一名的时候，钱就会像潮水一样向你涌来，好，那我现在想问一下，在场的谁是行业的第一名？"

我第一个举起手。

陈安之问："请问您是哪个行业的？"

我站起来大声回答："我是化妆品行业的。"

他自信地对我说："那么，你一定是非常喜欢这个行业的。"

我不客气地说："不，我恰恰是非常不喜欢这个行业的。"

现场一片安静，所有人都目瞪口呆地看着我，大家都以为我是来拆台闹场的，其实我只是如实说出了自己的心里话而已。

不过，陈老师并没有生气，而是赞许地对我说："连不喜欢的行业你都能做到第一名，那你要是做喜欢的行业，又会做成什么样呢？请问，你喜欢什么行业？"

在这一天以前，我从来没有仔细去想过，为什么我会在一个自己完全不喜欢的行业里坚持下来，还有了今天的成绩。我似乎只是误打误撞地走进了美容行业，但在做市场和推广的时候，要接触大量的人，为扩大企业的影响力，也要做大量的活动和演讲，这些事情总是让那个我乐在其中。

所以，真正让我产生兴趣，支撑着我一路坚持下来的原因，究竟是什么呢？就在陈安之向我提出这个问题之后的短短十几分秒内，我的脑子飞速转动，就像是一个一直在走夜路的人，突然被人在旁边点了一盏灯一般，我一下子想通了。

其实我喜欢的东西从小到大都没有变过。我就是喜欢说话，喜欢跟人沟通。小的时候，我通过讲故事来赢得别人的注意；当日文导游的时候，我以翻译的身份来向日本游客展示泱泱中华的文化；如今，我也是在用自己的语言和感染力，去向广大的消费者分享我的产品和理念，将好的东西推广给更多的人知道。

想到这里，我激动地看着陈安之老师，目光灼灼地对他说："我喜欢的行业跟你现在的行业差不多，就是用自己的语言和心灵去感染别人，造福别人。"

　　陈安之目光深邃地看了我半天，微笑着说："好，谢谢你的回答。在未来，我欢迎你来挑战我。请坐。"

　　坐下之后，我的心情久久不能平静。

　　也许陈安之老师讲授的内容，并没有他的这段提问给我造成的震撼更大，而在这段对话中，他甚至没有跟我说过什么，只是问了我几个问题而已，却让我的心境发生了翻天覆地的变化。

　　因为我真正找回了自己的初心，我发现我为之奋斗了一生的一切，都是在追寻着童年时候的梦想——说出我的世界。

　　只要我不断地充实自己、完善自己，不断地感受和发现更好的产品，我能说出的世界，就会更加美好，那些聆听我世界的人，也能感受到更大的力量。

二 / 感恩的心

这些年，我的生活就是无止境的奔波和忙碌。

每天一睁眼，就有数不清的事情等着我去处理，常常忙到一天只来得及吃一顿饭。后半夜才能爬到床上睡觉已经成为常态。

在接触到安杰玛的芳香精油之前，我的睡眠状况一直不是很好，有时候工作压力太大了，用脑过度，我必须吃安眠药才能入睡。

有一天晚上，我送走了洽谈至深夜的客户，又处理完手头的琐事，一看表已经凌晨 2 点了，赶紧匆促洗了个澡，疲惫上床睡觉。可是，躺在床上，我翻来覆去却怎么也睡不着，无奈之下只好爬起来，吃了两片安眠药，睡之前我最后一次看表，已经是凌晨 4 点多了。

药劲上来后，我迷迷糊糊地睡了过去。

正睡得半梦半醒间，电话突然铃铃铃地响起来。因为有许多国外的客人，为了不错过重要的电话，我的手机从来都是 24 小时开机的，不论什么时候，只要手机响起，我就必须调动起十二万分的精力，全力以赴去面对。

我昏昏沉沉地摸起了电话，只听到一个有点熟悉的声音慌慌张张地说："老太太不行了，你快回来吧！"

"老太太？"我第一时间还没反应过来，过了几秒，我才想起来，这个声音来自我给我妈妈请的保姆，而保姆口中的"老太太"，无疑就是我妈妈了。

我浑身一激灵，一下子清醒过来，糟了，我妈不行了！

我已经是年逾四十的人了，我妈妈已经是个古稀老人了，这些年，她的身体越来越不好，心脏时常出问题，每次她一有状况，我就紧张得不行。放下电话，我慌乱地穿衣服，手紧张得直抖，一颗扣子哆哆嗦嗦地系了半天才系上。

好不容易下了楼，我才想起给我侄子打一个电话，打完电话，我开车就奔向母亲的住所。

一进家门保姆就迎上来，说老太太折腾了一宿，心脏不舒服，开始不让给我打电话，说坚持一会就好了，结果折腾到后半夜，越来越严重，连喘气都费劲了，才给我打了电话。

我心急火燎地冲进卧室，妈妈一看见我，就有气无力地朝我伸出手，她的脸白得像纸一样，嘴唇紫黑。我握着妈妈的手，给她测心跳，心跳高达 126！我赶紧打 120 叫救护车，然后手忙脚乱地跟保姆一起给她穿衣服。

没想到，等衣服穿戴好了，我妈妈竟然缓回一口气，心跳慢慢稳定下来，眼泪汪汪地抓着我的手，哀求着说："我不想去医院，到了医院还要做一大堆检查，最后还是给开那几样药，我怕折腾。"

我捋了捋妈妈前额花白的头发，像哄孩子那样，柔声地说："妈，咱还是去吧，让医生给你看一眼，我心里才放心。"

我妈表现出孩子般的不悦，撒娇地噘起嘴说道："每次在医院都被折腾得够呛，医生下手没轻没重的，没病也让他们给弄出病来了！"

一看妈妈还能跟我较劲，我倒扑哧一声笑了，这说明她真的是没事儿了。这样，我的精神彻底放松下来，那两片安眠药的劲儿一下子就上来了，说话间我已经困得上下眼皮直打架了，强撑着安抚母亲躺下，又陪着她聊天，哄她睡觉。

一直熬到早上 7 点半多，母亲吃了点早餐，终于睡着了，我才放心地离开。而一直和安眠药对抗的我，全身都已经被冷汗湿透了。

此时我多想躺到床上，一睡不醒。可是不行，就在一个小时后，我就要赶到公司，开一个早就安排好的重要会议。

开会的间隙，我不停地跑去洗手间，往脸上喷着凉水，让自己清醒，开完会，早饭也没胃口吃，我定上闹铃，补了不到两个小时的觉，就又强撑着爬起来，因为我还要去机场，赶去参加下午的一场异地演讲。

这就是对我来说极其普通的一天，忙，各种事情堆叠在一起，忙不完的事，时间不够用，精力不够用，一切都不够用，我多么希望自己能变成两个人、三个人，然而那只是幻想。时间长了，这样的生活也变成了习惯，甚至如果有哪一天没有这么多人，没有这么多人眼巴巴地指望着我，我反而会不舒服，觉得失落。

我早已习惯了当那个被别人期待的人。

人们常说，当你不禁开始回忆往事的时候，就是你变老的开始。最近，小时候那些事总浮现在我的眼前。

我是四岁时离开了妈妈，被送到西安的姑姑家寄养的。

刚到西安的那些年，我心里一直恨妈妈，恨她不要我了，每当姑姑打骂我的时候，我就把满腔的委屈都怨到妈妈身上。

就算后来我知道那些年妈妈也过得很辛苦，因为听说我在西安过得不好，她伤心得精神病发作，被强行送进精神病院过电针，还在精神病院住了 2 个月才出院，受尽屈辱和折磨，我还是无法停止地在内心深处怨恨妈妈。

而且，当我十四岁终于回到了北京后，我的母亲也早已被现实摧毁了，她不再是我记忆中温柔的那个妈妈，而变成了一个终日怨声载道、不分场合地跟别人倾诉自己的屈辱的女人。她一次次地跟我回忆她为了我而发疯的事，然而每次听完，却都只是换来我极其不屑的眼神。因为谁又能来弥补我童年中承受的艰辛？

我甚至认为，无论日子多苦多难，妈妈都应该把我留在她身边，因为她所谓的"生活艰辛的痛苦"，远远不及我一个人孤苦无依漂泊在外的凄苦。妈妈，你知道黑夜里我哭醒过多少次吗？你知道我被人欺负时的无助吗……

刚回到北京的我，心里有气，逆反得很，想着法儿地跟母亲较劲儿。那时母亲的脾气也不好，点火就着，家里的生活也特别艰难，一家人的吃喝都要母亲张罗。

对于母亲的劳苦，我丝毫不动心，常常顶撞她，故意气她，母亲生气就骂我，一挨骂我就跑出去，没心没肺地疯玩儿一天。我经常一天到晚都不在家，放了学就在外面串门或者一个人在街上溜达。

到了后来，母亲更是误会我在工厂里和"流氓"谈恋爱，也正是在她无理取闹般的推波助澜下，我和一个彼此都不了解的男人走到了一起，经历了长达十几年的失败婚姻。我把这一切的错误，都归咎于母亲，在我心目中，她不仅是不负责任的，更是暴戾的，充满了怨恨的，随时能激起我内心愤怒的存在。

一直到三十几岁的时候，我依然还是不能原谅母亲，对于她当年抛下我的事耿耿于怀。虽然自从我成年后，就自觉地在经济上照顾家人，供养全家人的衣食住行，让母亲安度晚年。但唯有母亲这两个字，是我不愿意提起的，平时回家，我也很少陪她聊天。

2003 年，"非典"让喧嚣的北京一下子安静下来，街上、车上甚至飞机上都看不见人。美容院的生意一下子冷清下来。

借着这个机会，我领安家将去听陈安之老师的课，顺便去香港溜达了一圈。

一次上课，老师讲到母亲和孩子的沟通方式，举了几个例子，其中一个是：你看到妈妈跟孩子正玩着，她们开心吗？都很开心。可是当妈妈必须要去上班，养家糊口，必须要走的时候，妈妈心里难受吗？当然难受，孩子也难受。但是孩子没有办法表达，只有一个办法，就是哇哇大哭。让我们来换位思考，妈妈心里何尝不痛苦呢，她也想哭啊，但是她是成年人，她已经学会了要隐忍自己的感情，所以她表面上不哭不闹，但这并不代表她内心无情。

说完，老师放起了音乐，故意把音效声音开得很大，然后关上灯。伴随着音乐声，老师让我们每个人想象：小时候，自己的妈妈要走了，出门去上班了，这时候，你们是怎样的心情？是不是想大声喊一声妈妈，不要走，留下来陪陪我……

勇敢地把一切都喊出来吧，当你们喊出来之后，你们就会知道，自己的妈妈当时心里是什么感觉了。

当所有的灯都关掉之后，黑暗中只有如泣如诉的音乐环绕着我们，我想起了小时候，在西安的那些无助的日子，泪水止不住地流了下来，我哽咽着，撕心裂肺地喊了一声："妈妈！"

那一声嘶吼，我几乎用尽了全力，当声音落下，我突然觉得眼前一阵晕眩，我竟然昏过去了……

清醒过来后，我才深刻地体会到，当年把我送去西安，我妈妈心里是多么的痛，哪一个母亲愿意和自己的亲生骨肉分离？但妈妈不愿意在人前哭，她心如刀割，却只能把一切都深深地压抑在心里。她留在北京，独自带着姐姐，母女二人孤苦无依，忍受着别人的白眼和排挤，忍受着各种难听的字眼，忍受着和丈夫、子女分隔两地的心酸，她要承受多么可怕的现实和心理上的压力。

一个人，如果不是隐忍到了极致，如果不是压抑到了顶点，如果不是承受了巨大的痛苦，怎么会仅仅听人转述了一些话，就顷刻间彻底崩溃发疯？

不是所有的人都习惯于将情感表达出来，不是所有人都会把爱挂在嘴边，对于我的母亲这样性格的人，她们只是将最真挚、最深沉的感情，都埋在了内心深处。

在这个课程快要结束的时候，老师又给我们讲了一个故事，他说希望自己的学员无论以后走到哪里，都把这个故事讲给身边的人听，这个故事说的是"子欲孝而亲不在"：

故事发生一个普通的三口之家，这个家庭非常和谐，幸福。有一天，妈妈像往常一样送快要高考的儿子去学校上课，然后妈妈去单位上班。上午的课程还没上完，儿子的班主任就红着眼睛把儿子叫了出来。

"你长大了，有些事儿要学会承受。"班主任的话让他摸不着头脑。班主任看着一脸雾水的他，委婉地说，妈妈在去单位上班的途中，被一辆疾驰的大货车撞了。他开始不相信，一路跑到医院，看见抽泣的爸爸，他才失控地大哭起来，那一瞬间，天塌下来的感觉，他不知道自己该怎么办，非常痛苦。

正值高考，父子俩在痛苦中都走不出来。后来男生遇到班上的一名同样失去妈妈的女生，两人同病相怜，产生了感情，经常在一起互相诉说苦恼。

那年高考，男生考得很差，成绩下来后，爸爸跟他吼："你这样做对得起你死去的妈妈吗？你妈妈那么要强的人，现在每天都有叔叔阿姨打电话问你的考试成绩，你叫我有何颜面，你怎么这么不争气……"

儿子也哭着说："爸爸，你只在乎我的成绩，你知道我的心情和痛苦吗？"

爸爸不听他的辩解，只是气急地骂道："你就是一个混蛋！"

儿子也负气地吼道："我就是混蛋。"

爸爸气得让他滚，说："我没有你这个儿子。"儿子头也不回地摔门走了，跟女朋友在外面租了房子，从此再也不回家了。

为了生活，男生找了份临时工，挣钱养活自己和女朋友，但他每天都特别痛苦，想念爸爸和妈妈，想念那个曾经温馨的家。他想回家，但又不敢，他怕爸爸对他咆哮。

就这样过了三年，有一天，他实在控制不住内心的思念，回了家，踌躇着敲开了门。门一打开，满头白发的爸爸出现在他面前，爸爸一见是他，泪水一下子涌了上来，爸爸一把抓过儿子的手，说："儿子，你终于回来了。"

爸爸牵着儿子的手进了屋，他急切地把这些年的思念告诉爸爸，没想到，爸爸对他的一举一动都知道，原来爸爸每天都偷偷地跟着他，早上等在他租住的房子对面，一路跟着他，看着他走进工作的大楼，晚上，再从工作的地方跟回家……三年啊，每天如此，他一听就崩溃了，说："爸爸，我搬回来和你一起住，不让你操心了。"

结果，那天他回家后，当天夜里他爸爸突发心脏病，走了。是邻居给他打的电话，说他爸爸走之前，让人转告他，他爱你，还让天亮后打电话，怕打扰你休息。

……

老师讲完的时候，大家都哭了。老师说："我们老是想，现在应该拼搏事业，现在应该抚养子女，等到以后有时间了再去孝顺父母，然而子欲养而亲不待。我讲这个故事，是想告诉大家，百善孝为先，这是中华民族的美德。现在的孩子都是独生子女，从小就以自我为中心，他们对父母的那份爱和孝，已经快要感受不到了，等到有一天你明白的时候，可能父母已经不在了。不要等到失去了才追悔莫及，我希望这个课程结束后，大家都第一时间回家，去陪陪自己的父母吧。"

那天一下课，我顾不上吃饭，马上给妈妈打个电话。

也许是我的声音太过温柔，母亲很诧异，问我有事吗？我说：没事，过几天我就回去了，就想听听你的声音。

在母亲感动得有些哽咽的笑声里，我心酸地挂了电话，那一刻，我的心里充满了愧疚，为什么会这样？仅仅是听我说了几句话，母亲竟然就那么感动，我平日里究竟是个多么不负责任的女儿啊！然而我又觉得幸运，因为我的妈妈还在，我还有机会去爱她，孝敬她。

从那一天开始，我真正懂得了如何去爱自己的母亲，不论是多好的东西，只要我妈多看一眼，我就算赴汤蹈火也要去得到，送给她，因为我非常清楚，在这个世界上，真正爱我的人，只有妈妈。

每当妈妈絮絮叨叨地又倾诉起她经历的苦难，我也总是笑吟吟地在一旁听着，温和而充满爱意地看着她。说来奇怪，以前我觉得妈妈会没完没了地撕开自己的伤疤，病态般地向别人展示。可我只是耐心地听她讲了几次，她竟然就再也不提起了。

有一次，我忍不住好奇地问："妈，你怎么好长时间不说你年轻时候受过的那些委屈了？"

"有什么好说的？"妈妈笑眯眯地看着我，"你现在对我这么好，我为什么还老是要想着那些不开心的事儿？"

我明白了，妈妈之所以一次次地自揭伤疤，是因为她感受不到爱，是因为没有人真正地关心她，所以她经历的那些痛苦，就永远令她无法释怀。而妈妈想要的爱，又是多么的简单，她只是想让我坐在她身边，心平气和地听她说说话，她心里的冰就全都化了。

原来一直以来，妈妈都没有变，只是我亏欠了她一份身为人女的耐心和爱，我们的母女之情才疏远了。

不想说太多自责和煽情的话，我只想用行动去爱我的妈妈。

我常常对我妈说："妈，你爱怎么样都行，只要你在，我就安心。"

我说到做到。

我妈有一条麻布的裤子，有一只裤腿上绣了一个娃娃。这裤子她也不怎么穿，但没事就愿意拿出来看。某一天，我妈找不到这条裤子了，四处翻腾也找不到，老太太急得血压都升高了，保姆赶紧给我打电话，问这事咋办。

我能咋办？只能赶紧托人按照那条裤子的样式去买，并给我妈打电话，说："妈，听说你找裤子呢，别找啦，是我穿走了，哪天洗好给你送回去。"

因为不知道裤腿上有娃娃的细节，当我拿着新买的裤子给她时，她一看不是自己的那条，气哼哼地把裤子朝我一扔，说："我裤子上还有个小人儿呢！这不是我那条裤子。

我赶紧哄她说："你裤子上的小人休息了。"听我这么一说，把她也逗乐了，这裤子的风波才算过去。

只要我妈能高兴，怎么骂我都行。每次她心里不痛快，再忙的事我都会放下，一直把她哄开心才离开。

有妈妈唠唠叨叨地骂我，其实是一种幸福。

如果有一天，没有妈妈叨唠我了我也就失去了妈妈的庇佑。

可惜的是，我爸爸已经走了。有时我就想，如果用我全部资产，换回我爸爸再多活一天，我都愿意。活着的时候，尽量孝顺他，满足他，多陪他，有一天他走了，你才不会后悔。很多人不懂，父母走了才懂，已经晚了。

我也将这份感情放在事业上，多年来，我对企业用人和高层主管，都有一个最基本的要求，你可以工作能力有所欠缺，你可以谈吐举止不够得体，但你一定要孝敬自己的父母。

一个孝敬父母的人，懂得如何去爱别人，懂得去包容和理解，这样的人，必然品行端正。一个企业要良性发展，需要的恰恰是这样的企业文化，只有这种开放包容的企业文化，才能汇聚大量具有相同价值观的人，才能营造出一个有爱的企业，才能打造出有爱的产品。

爱，从某种意义上来讲，就等同于为人处事的品格，有爱有情，才会有品有行，才能走远，在未来的人生和事业中，我将不遗余力地用有品质和爱的产品，回馈和造福更多的人。

三 / 圆梦巨作

　　爱是一种很神奇的东西，它能擦去蒙住眼睛的尘埃，一个心中有爱的人，他看到的世界，是和心中没有爱的人所看到的世界截然不同的。

　　年轻时的我，是靠着改变命运和追求梦想的力量去奋斗的，每一个阶段我都不遗余力地去达成新的目标，我常常自信地说自己要做有爱的企业和有爱的产品，也努力去用爱去经营自己的事业，但直到生了这一场病，我才终于深切地懂得了"爱"的含义。

　　不论是对家人、对事业、对合作伙伴、对朋友、对员工，还是对客户，能让这一切的关系变得更加坚固的，其实并不是所谓的梦想，更不仅仅是物质上的利益，而是人与人之间发自内心的理解，也就是爱。

　　在我生病后，不论是对内审视自己，还是对待别人，我的心境和方式都产生了巨大的变化，我不再那么急躁，也没了那么多的功利心，对于曾经辜负过我的人，我也卸下了心中的怨恨，当我开始用爱和包容的心去面对世界的时候，整个世界都变得更加美好了。

　　记得在我的病渐渐有了些好转的时候，曾经跟团队里的骨干员工一起去了一趟法国，这次法国之行对于我来说十分重要，因为这是我在收购了安杰玛之后，第一次带领整个团队来法国参观，我将把我们在法国的"家"逐一展示给大家，让大家亲眼看一看我们接下来要为之努力的"芳香王国"的前身。

　　我希望能通过这次法国之行，让员工们更了解安杰玛，也对我们的产品更有自信，更希望大家都能亲自体验一下自然疗法和芳香精油的魅力。

不过我所不知道的是，同行的汪汪、李娜、沈言以及负责翻译的杜先生等人，也对这次法国之行有着一份期待，这份期待与我截然不同，她们希望将这次旅行作为我战胜病魔的庆祝之行，更是我重新回到她们身边的感恩之行。她们想让我在旅行中不要老想着工作，而多去享受浪漫的法兰西风情，因为这将更有益于病情的康复。

到了法国之后，我发现我们所有的行程级别都比我预期中要高，等到忙完了工作上的事之后，大家又兴奋地告诉我，他们精心地为我的这次旅行安排了一个惊喜——乘坐豪华游轮游塞纳河。

塞纳河上只有两艘豪华游轮，一艘叫苍鹰号，另一艘叫巴黎号，全世界想要乘坐豪华游轮游塞纳河的乘客太多了，必须提前半年预订才行，费用也是相当的高。汪汪她们竟然早在半年前就已经在为我计划这次行程了，得知了大家对我的这份心意，我非常感动，也不禁对这次游轮之行充满了期待。

但或许是好事多磨吧，到了上游轮的这天下午2点钟，我们突然接到游轮方面的通知，豪华游轮上不能穿便装，每名游客都必须身穿正装。这个时候距离登游轮的时间只剩下不到五个小时，因为工作事宜都已经结束，我们已经将正装都先一步打包回国了，现在大家随身都完全没有正装，这可怎么办？

如果是生病前的我，遇到这种情况肯定会不耐烦地说，不过是游轮而已，怎么那么讲究啊？我不去了！但此时的我，心中不再有那么大的戾气，我时刻记得，这次的游轮之行并不仅仅是一趟消遣和娱乐的旅行，而是汪汪和李娜她们对我的一片爱，我感谢她们对我的这份心意，不想让她们失望，我也希望能心平气和地享受到这次旅行，不光是为了我自己，也是为了她们。

所以，我当即决定去买正装。于是，我带着一行人去了巴黎的老佛爷百货买衣服，女孩子挑衣服很慢，尤其是很隆重的正装，搭配和合身度都有很多讲究，从内衣到裙子的款式、样式，到高跟鞋的风格、颜色，一样都不能马虎。

大家都知道，我是个风风火火的人，对穿衣打扮这套规矩，我是最没兴趣的。试衣服的时候，汪汪她们一开始都非常照顾我，生怕我不耐烦，大家一个个手忙脚乱的，但我的反应却让她们很意外，我一点儿都不着急，还微笑着提醒她们，试得仔细点，老佛爷的衣服这么贵，除了上游轮之外，以后再有什么隆重的场合也能穿，一定要买身好的，我来埋单。

我的情绪渐渐感染了她们，几个女人都放慢了节奏。但说来也奇怪，大家慌里慌张的时候，半个小时也没选到一件合适的衣服，然而当大家放慢了速度，开始冷静地去挑选的时候，搭配衣服反而变得容易了，我们集中精力，一个跟着一个地挑选，试穿，有条不紊地搞定了几位女士的正装。

不过，这时距离开船，也就只剩下一个小时了。

我们提着换下来的大包小包的衣服，一走出老佛爷百货的门口，就全都傻眼了，大门口等出租车的队伍长得惊人，我初步估计了一下队伍的长度，发现等轮到我们上出租车，起码需要一个小时的时间，但出租车是最快的交通方式了，我们只能祈祷尽快排到我们。

然而我们站在队伍里等了十分钟，却感觉更傻眼了，队伍长也就算了，最可怕的是，这队伍完全不往前移动，因为根本没有出租车来。

这下我们只能彻底放弃搭乘出租车这个办法了，那该怎么办呢？坐地铁！

从行驶速度来看，地铁其实是比公交车快的，抵达游轮附近的车站不超过 10 分钟。但是，从老佛爷百货去最近的地铁也要步行 30 分钟，我的身体正处于恢复期，剧烈运动很容易导致大出血，根本无法负荷这么长时间的快速步行，汪汪坚决不同意让我走这么长的路。但我却固执地说，我要尝试一下这个方式，实在不行我可以慢一点走，因为我想坐游轮，更不想错过这份来自大家的心意和爱。

我还郑重地对大家说，我的身体已经恢复得很好了，已经很久没有大出血了。而且，在我和汪汪第一次来法国的时候，萨干先生就告诉我，在亲自去做一件事情之前，不要去给自己预设立场。我们还没有尝试，怎么就知道我一定不行呢？自然疗法最重要的一环就是重塑健康的心态，不如大家就借着这次机会，跟我一起来尝试一下，从现在开始，每个人都不说负面的话，每个人心里只想着一件事，那就是我们一定能赶上这次豪华游轮之行。

听完我的话，大家沉默了片刻，都答应了。

只是大家看向我的眼神，多少还是有着掩藏不住的担心的。汪汪小声对我说，如果我在走路的过程中感觉到有一点不舒服，大家就立刻放弃这次的游轮旅行。

于是我们就开始往地铁走，不敢走得太快，怕我受不了，但也不能太慢，因为太慢的话时间根本来不及。

三十多分钟后，我们好不容易进了地铁，结果地铁里面有个岔道，谁也说不清该往岔道的哪边走，四周连个问路的人也找不到，最后我们只好随机选了一条，走了几分钟之后，发现走错了，一行人只好掉头回来重走。

好不容易终于走到上地铁的地方，又发现我们的车票也买的不对，阿杜的票不能用，但此时已经完全来不及回头再去买票了，阿杜便干脆硬着头皮翻了过去，直接上车了。这里要跟各位读者道个歉，阿杜这是不良示范，他只是不想耽误我们的时间，怕我错过这次游轮之行，所以才在浪漫之都做了一次不浪漫的事，大家不要模仿。

地铁上的人特别多，但是速度非常快，一共七站，只用了不到 10 分钟的时间，到了离游轮最近的车站时，距开船还剩下不到 20 分钟时间。而经过这一路的急行军，每个人的脸都走得红扑扑的，从一开始的心中暗暗担心，变成了本能地向前进。

随着距离的变短，每个人眼中的担忧也渐渐散去了，取而代之的是使命必达的信心。

一下地铁，我就情绪亢奋地挥舞着手臂，大喊了一嗓子："快跑啊！"大家心头的兴奋、期待和一点点焦急，一下子被我这一嗓子给调动起来，一个个的笑神经突然被打开了，全都蹲到地上开始大笑起来。

笑了一通，大家更加不觉得累了，一个个像是打了鸡血一样，马不停蹄地开始朝游轮的码头赶去，要知道，我们这一行人从头到脚全都穿着老佛爷买的昂贵正装，男士的头发梳得倍儿亮，女士的脚上还都踩着高跟鞋，手里还大包小包地提着换下来的衣服，这么一群人，急速行走在浪漫之都的大街上，可真称得上是一道风景线，回头率也是极高。

我们顾不了那么多了，一个个闷着头只顾着走路，按照地图上的距离，我们大概15分钟就能走到码头，奇怪的是我们越往前走，街上的人就变得越少，最后马路上居然只剩下了我们一行人。

大家心中又暗叫不妙，是不是跟在地铁里的时候一样，又走错路了。阿杜偷偷给认识路的法国朋友打电话，结果得知我们果然走错了，可阿杜不敢直接跟我说，怕我有精神压力，于是，他用了一种非常含蓄的方式，比比画画地对我说："王总，咱们应该这样拐弯走。"

"这不就走回去了吗？"我看着他的手势，一下子就看出他其实是想让我们往相反的方向走。

"对，就是要往回走，"沈言在一旁满头大汗地说，"都这个时候了，就别绕弯子说话了，我们走错路了，回头重走吧！"

大家一笑了之，也没人有什么怨言，只是掉过头拼命地往回走，为了照顾我，一开始大家还只是快走。而且我手里的东西也都分给了大家，我两手空空，倒也不觉得累，仿佛是有一股力量，正在顺着头顶，源源不绝地注入我的五脏六腑，注入我的四肢，我越走越有劲儿，越走越快，最后居然慢跑了起来。

大家担心我的身体状况，纷纷劝我不要太着急，但渐渐地，大家都不再劝我了，而是一个个加快脚步追上了我，每个人都从我的脸上、眼睛里、呼吸中，感受到了我内心深处释放出的强大力量，那力量让一切劝说都失去意义；那力量让一切病痛都不复存在；那力量让我们感觉不到疲倦，让我们的身心都如此轻盈；那力量让一切戾气和焦虑都无所遁形；那力量让我们都深信，不论是那艘停靠在塞纳河畔的游轮，还是我们接下来的人生中想要实现的每一个目标，都必定能达成。但他们可能不知道，那力量的源头，恰恰就是汪汪她们对我的那份心意和那份爱。

　　带着这样的心情，我们健步如飞地走在巴黎的古老道路上，要知道，浪漫之都之所以浪漫，就是因为它保留着大量中世纪的建筑和街道，这些建筑古朴沧桑，这些街道皆是用鹅卵石排列而成，凹凸不平，沟沟坎坎，我们几个女人都穿着高跟鞋，走在这样的街道上，身体就像企鹅一样，东倒西歪，但谁也没有抱怨，大家相互搀扶着，拉扯着，矢志不渝地闷头往前走。

　　走到最后几分钟的时候，疲倦的感觉终于姗姗降临，虚脱的感觉从全身的每一个毛孔钻进来，就像有人用一记重锤，用力地捶砸着我的胸口，我的耳中能清晰地听到自己的心跳，怦！怦！怦！我心想，不行了，我的身体要撑不住了，会不会流血，会不会晕过去？要不要放弃？不过是一次旅行而已，真的有那么重要吗？真的值得我拼上性命吗？但我只是在心里这样想着，双腿始终没有停步地向前走着，就像是出于惯性，又像是出于一种本能。

　　心中发了一阵牢骚之后，我又暗暗地问自己，王安祥，从接到穿正装的通知开始，你已经为此而拼搏了五个小时，从在老佛爷买衣服，到赶地铁，一直到现在，哪怕是走错路，你都没有一刻放弃过，现在只剩下最后的冲刺，如果你现在放弃，之前的一切努力就都付之东流了，你真的要放弃吗？

　　不！

　　我对自己说，我不能放弃！我决不放弃！

　　想想看，去往游轮的这一条路，多么像我几十年来走过的人生之路？充满了意外，充满了波折，充满了坎坷。从当年在懵懂无知的情况下买下老宅，结识了汪汪，一脚踏入这个与美丽有关的领域，到将自然美塑造成全中国数一数二的化妆品品牌，我的人生一度迈入了一个高点，因和蔡博士之间的龃龉，我忍痛割爱，果断地放弃了奋斗了十多年的战场。人到中年，勇敢地选择从零开始，重新打造起属于自己的芳香王国安杰玛。然而就在我的事业即将迈入新的高峰时，一场病魔无情地将我击倒，几乎令我一蹶不振，幸好，我最终熬了过来。

到了如今，此时此刻的我，并不怨恨命运的曲折，也不嫉恨那些曾经亏欠我的人，相反，我感谢那些坎坷，因为正是它们让我不断成长，变得更加坚韧；我感谢那些辜负了我的人，正因为他们的离去，才让我有决心和过去道别，去走向更美好的未来；我更感谢病魔，它让我由外而内地重新审视自我，让我看到了过去不曾看到的风景，最重要的是，它让我真切地懂得了爱，当我觉得人生很艰难的时候，爱会给我力量，让我坚持下去，当我觉得人生很容易的时候，我更懂得，那是因为有人在替我承担着那份艰难。

想到这些，我觉得身体上的疲倦减轻了很多，放弃的念头也无影无踪了。为了给大家打气，我开玩笑地说："大家加油走啊，到了游轮的时候，如果看到有外国人没有穿正装，我们一定要愤怒抗议，把这一路上受的累，全都发泄出去！"

大家汗流浃背，大笑着纷纷附和着我，说如果到时候看到穿着牛仔裤和球鞋的外国人，我们一定要投诉，太折腾人了。

终于，我们远远地看到停靠在码头的游轮了，而且我感觉游轮摇摇晃晃的好像要开走了，我赶紧对阿杜说："你不穿高跟鞋，先跑过去吧，别让船开走了！"

于是，阿杜在前边跑，我们在后边追。

距离游轮开船还剩一分钟的时候，我们一行人终于来到了登船口前。此时，大家都已经累得气喘吁吁了，身上的名牌服装全都被汗水湿透了。

　　然而，就在我们有些狼狈地排着队准备要登船的时候，游轮上的服务人员彬彬有礼地将一对欧洲客人从船上请了下来，那对欧洲客人一看就是非常有社会地位的人士，因为他们身上的衣服和背包都是非常昂贵的名牌，而他们被请下船的理由很简单——他们穿着牛仔裤和球鞋。

　　看到这一幕，我和汪汪她们忍不住相视一笑，我们这一下午的汗水没有白流。

　　而当我踏上游轮的那一刻，我的心再次震了一下，这艘游轮上的气氛和感觉太棒了，它让我激荡的心和疲倦的身体，一瞬间全部归入了平静，这份平静，是生病之后我一直追求和渴望的感觉。

　　船边上的一个最好的位置，坐着白发苍苍的一对老人，他们在船边站累了，就坐在餐桌边，桌上点着一根蜡烛，谁也不说话，在这样的时候，一切的言语都是多余的，就那么静静地对坐着，目光温和而恬静地看着蜡烛，感觉平静极了，特别舒服，虽然没有人开口跟对方说什么，但我却从那一双双饱经沧桑的眼中，看到了深沉却炽热的爱，对与自己相濡以沫的爱人的爱，对儿女寄予期望的爱，对亲人的爱，对这个世界上一切事物的爱，以及对一切不如意和不快乐的包容，对一切龃龉一笑而过……

　　我想，我奔波了大半生，也许就是在等待这一刻，哪怕只是暂时地在这样的环境中停留，我也感觉知足了。

　　塞纳河来回都有船，船与船交错的时候，将灯光照进彼此的船舱里，美轮美奂，我们五个人在早已订好的座位上坐了下来。

　　当我们坐下的时候，服务员在我们面前的桌子上点燃了烛台，还给我们倒了红酒，也许是受到身边环境的感染，我们这些平时习惯了大呼小叫的人，突然全都变得优雅、安静起来，大家谁也不说话，就这么静静地坐在游轮上。

船舱的顶部是镜面，灯光和水光映到上面，衬托得好像水晶宫，我想，此时此刻，我们一行五人的心里一定都会暗暗庆幸，幸亏我们赶上了这艘豪华游轮，假如我们刚才放弃了，就不会体验到现在的美好了。

人生也是如此，越是艰难的时候，你越是不能放弃，因为所有美好的事物，皆不会唾手得到。中国有句老话说"不经一番寒彻苦，哪得梅花扑鼻香"，只有能咬紧牙关坚持到最后的人，才能看到美妙的风景。

其实通往成功的道路并不拥挤，因为太多的人会选择半途而废，而能挺到最后的，往往都不是最聪明和最有能力的，而是最执着和没有放弃的人。

我们看看船舷外美丽的塞纳河夜景，看看擦肩而过的船只，又看看静谧而动人的恋人们，看看彼此，最后，我们什么都不看了，只是看着那两盏摇曳的烛光，气氛特别的温馨，我们的心也全都静了下来，一切都美极了。

这时候，悠扬的大提琴声响起，一个浑厚而极富磁性的女中音传入了众人耳中，女歌唱家饱含深情地唱了一首席琳·迪翁的歌。

我完全沉浸在歌声里面，看着眼前的风景，听着天籁般的歌声，感受着来之不易的美好，我心中充满了无法压制的幸福，我激动地小声问阿杜："你问问游轮的服务员，这条船能装多少人？"

阿杜问了服务员之后，告诉我："这艘船额定载客二百人。"

"二百人，好！"我当即热血沸腾地说，"我一定要在最短的时间内，让这条船全部坐满安杰玛的客户！"

现在，我可以自豪地告诉给这本书的读者，我在豪华游轮上许下的心愿，如今已经实现了，这些年，我每年都送几百名客人去法国参观安杰玛的科研和种植基地，并安排他们亲自体验这趟美妙的豪华游轮之旅。

我感恩我的客户，能取得今天的成绩，皆是因为客户们对我一如既往的信任和支持，因为信任，所以简单。我要把我所感受到的每一分喜悦、每一份幸福，都回馈给我的客户，我要把我的每一份爱、每一份力量，都分享给我的客户。

自从我生病的那一年开始，我们就定下了一个传统——我们每一年度都会举办隆重的"千人祈福盛典"，感恩给予我们生存土壤的国家，更感恩我们的客户、员工和我们自己，为所有的一切人、事、物虔诚地祈福。

在祈福盛典上，安杰玛的所有员工和上千位安杰玛的家人一起，共同前往一个凝聚着天地能量之地，同处一个巨大的能量场，怀着诚善之心向天地祈福，为了我们的国家、企业、家人、朋友以及自己祈福，祈求国泰民安、世代吉祥。

2009 年 9 月 9 日，我们在长城祈福，当时，刚刚起步的我们一共只有不到 300 名家人。

2010 年 10 月 10 日，我们依然在长城祈福，经过一年的努力，我们已经有了 800 位家人共同参与祈福。

2011 年 11 月 11 日，有 1000 名家人与我们一同齐聚长城，举办了以"爱筑长城，福至千秋"为主题的安杰玛千人长城祈福与亚洲优雅盛典暨全国客户答谢庆典。

2012 年 12 月 12 日，安杰玛特别定制了世纪祈福航线：香港—公海—三亚，并在亚洲顶级豪华游轮上举办了为期三天的"蝶舞梦飞扬"主题客户答谢庆典暨千人祈福盛会。

2013 年 10 月 16 日，安杰玛斥资亿元公益基金，携手 CCTV 共同举办了大型公益活动——打造出百名 UCNB 健康大使，活动吸引了大量的关注并取得了傲人的成果；同年，我们在广西巴马举办了近 3000 人的补粮纳福盛会暨 UCNB 健康大使颁奖盛典。

2014 年 10 月 16 日，安杰玛生物样本库落成仪式暨"首届免疫与基因技术国际高峰论坛"圆满举办。并在天坛祈年殿进行 2000 人祈福。

2015 年，安杰玛集团旗下的生物科技公司——弘天生物挂牌上市，集团起用了著名艺人陈晓东、立威廉担任产品代言人。

2016 年 5 月 23 日，安杰玛将祈福地点选在了位于南半球的澳大利亚第一大城市——悉尼，它是澳大利亚经济、金融、航运和旅游中心，也是世界著名的国际大都市。我们 1000 位中国人带着安杰玛的芳香能量远扬南半球，为家人们在这一个美丽的国度积聚能量，祈福未来！

而 5 月 23 日这一天，同样也是我的生日，我的心中充满了幸福和感动，在 1000 位家人的祝福下，许下了生日的心愿——我愿所有信任我、爱戴我的家人们，都能拥有美好而健康的人生，我更要带领大家一起，共同创造属于我们的幸福和财富未来！

从 2008 年斥资购买下整个品牌，我与安杰玛已经一路同行了八个年头，八年的时间，我和我的团队、客户，完全从美容行业中一跃而起，我们每一个人，都发誓用自己毕生的精力，将安杰玛建设成一个完整的大健康产业链。

在我们的每一家大型 SPA 会所里，从客户踏入安杰玛的大门那一刻，就是我又多了一位家人，多了一个家庭，多了一个朋友圈。我们的芳香疗法、自然疗法、基因科技、生物治疗、医院及养老延寿黄金年华俱乐部，所有的一切都不仅仅是盈利机构，而是我用自己一生走过的路和集结的能量诞生而出的爱的结晶，是我用时光和生命为安杰玛的每一位家人打造的健康王国。

从保健领域到尖端医学领域；从国内疗养基地到国外疗养基地建设；从单一产品到一站式服务；从实验营销到网络营销；从满足消费者到领导消费者；从营销推广到品牌推广；从规划想象到实现蓝图——多年来，安杰玛通过法国、北京、上海、深圳、香港这五大平台的运作，以 360 度全方位服务模式，为全龄层的客户搭建关注健康、关爱生命的大健康平台。

安杰玛运用独一无二的稀缺产品、优美而高雅的服务环境、专业的科学技术服务，为人们生活注入源源不断的生命能量。

未来，安杰玛将致力于打造一个关怀生命的能量王国，让心灵得以栖居，让梦想得以延续，我将带领千千万万怀有赤子之心的安杰玛人，迎接新的辉煌！

我努力地迎接着一切，我也坦然地接受所有，相信上帝赋予我的使命，在刚刚结束的 2016 年悉尼千人祈福活动中，我不遗余力地践行着值得用一生去回馈的慈善行动。

每一年，我都将带着我的家人，在世界各地开启爱的行动，将安杰玛的能量带给千千万万需要爱、需要关怀的人，那些因意外而造成终生伤痛的残疾人士、家庭贫苦的孩子、被病魔折磨的人……让安杰玛帮助他们更好地提升自愈能力，尽最大的努力帮助他们修复肌体，并拥有健康的心理！

有花香的地方就有蝴蝶；有蝴蝶的地方就有安杰玛；有安杰玛的地方就有爱，有欢笑，有健康，有梦想，有希望，有能量。

我们的身体，既可以是生命力理想的栖息地，却也可能成为埋葬生命的墓地。用能量延续生命梦想，这就是安杰玛这个殿堂级生命能量专家，竭尽所能想要为这个我们赖以生存的世界，做出的贡献。

安杰玛人愿意与千千万万的家人一起，唤醒我们最初的生命力，让我们的生命，在花朵和芳香的王国里，寻找到觉醒的能量，绽放出美丽的光彩。

时间，是人类最大的敌人，我们终其一生都想要去寻找为了自己和自己爱的人逆转光阴的方法。然而梦想不是梦，也不是想，而是一条披荆斩棘的勇者之路。要想摘取到梦想的果实，就永远不能去跟随别人的脚步，而要走在大多数人的前头。

不做追随者，要做领路人，这是我一生的行动准则。

我拥有美丽而虔诚的大梦想，但我不是一个梦想家，而是一个践行者，只有靠着自己的双足去向前奔跑，用自己的双手去劳作，用自己的心灵去爱去感受，用自己的全部能量去寻找去追寻，梦想之花才能怒放。

将自己的故事讲给你们听，这是我这一生最热爱的事情。这一次，我将自己前半生的故事倾付于笔尖和纸上，饱含着我最大的感情和热情，讲给你们听。

但这本书中所讲的，仅仅是我人生的一部分。在未来，我将继续不断地践行安杰玛人共同的梦想，带领我的团队和家人，勇往直前地奔跑在时代和行业的前端，不断改写和突破自己缔造的奇迹，将安杰玛的健康能量殿堂搭建得更加宏大，让更多人沐浴到她的芬芳，将爱和能量传递给更多的人，造福更多的人。

新的乐章即将奏响，欢迎您继续聆听我的故事，我期待着能为您带来更加全新的精彩。